essentials

essentials liefern aktuelles Wissen in konzentrierter Form. Die Essenz dessen, worauf es als „State-of-the-Art" in der gegenwärtigen Fachdiskussion oder in der Praxis ankommt. *essentials* informieren schnell, unkompliziert und verständlich

- als Einführung in ein aktuelles Thema aus Ihrem Fachgebiet
- als Einstieg in ein für Sie noch unbekanntes Themenfeld
- als Einblick, um zum Thema mitreden zu können

Die Bücher in elektronischer und gedruckter Form bringen das Expertenwissen von Springer-Fachautoren kompakt zur Darstellung. Sie sind besonders für die Nutzung als eBook auf Tablet-PCs, eBook-Readern und Smartphones geeignet. *essentials:* Wissensbausteine aus den Wirtschafts-, Sozial- und Geisteswissenschaften, aus Technik und Naturwissenschaften sowie aus Medizin, Psychologie und Gesundheitsberufen. Von renommierten Autoren aller Springer-Verlagsmarken.

Weitere Bände in der Reihe http://www.springer.com/series/13088

Karl-Rudolf Korte · Jan Dinter

Bürger, Medien und Politik im Ruhrgebiet

Einstellungen – Erwartungen – Erklärungsmuster

 Springer VS

Karl-Rudolf Korte
NRW School of Governance
Universität Duisburg-Essen
Duisburg, Deutschland

Jan Dinter
NRW School of Governance
Universität Duisburg-Essen
Duisburg, Deutschland

ISSN 2197-6708   ISSN 2197-6716   (electronic)
essentials
ISBN 978-3-658-28068-0   ISBN 978-3-658-28069-7   (eBook)
https://doi.org/10.1007/978-3-658-28069-7

Die Deutsche Nationalbibliothek verzeichnet diese Publikation in der Deutschen Nationalbibliografie; detaillierte bibliografische Daten sind im Internet über http://dnb.d-nb.de abrufbar.

Springer VS
© Springer Fachmedien Wiesbaden GmbH, ein Teil von Springer Nature 2019
Das Werk einschließlich aller seiner Teile ist urheberrechtlich geschützt. Jede Verwertung, die nicht ausdrücklich vom Urheberrechtsgesetz zugelassen ist, bedarf der vorherigen Zustimmung des Verlags. Das gilt insbesondere für Vervielfältigungen, Bearbeitungen, Übersetzungen, Mikroverfilmungen und die Einspeicherung und Verarbeitung in elektronischen Systemen.
Die Wiedergabe von allgemein beschreibenden Bezeichnungen, Marken, Unternehmensnamen etc. in diesem Werk bedeutet nicht, dass diese frei durch jedermann benutzt werden dürfen. Die Berechtigung zur Benutzung unterliegt, auch ohne gesonderten Hinweis hierzu, den Regeln des Markenrechts. Die Rechte des jeweiligen Zeicheninhabers sind zu beachten.
Der Verlag, die Autoren und die Herausgeber gehen davon aus, dass die Angaben und Informationen in diesem Werk zum Zeitpunkt der Veröffentlichung vollständig und korrekt sind. Weder der Verlag, noch die Autoren oder die Herausgeber übernehmen, ausdrücklich oder implizit, Gewähr für den Inhalt des Werkes, etwaige Fehler oder Äußerungen. Der Verlag bleibt im Hinblick auf geografische Zuordnungen und Gebietsbezeichnungen in veröffentlichten Karten und Institutionsadressen neutral.

Springer VS ist ein Imprint der eingetragenen Gesellschaft Springer Fachmedien Wiesbaden GmbH und ist ein Teil von Springer Nature.
Die Anschrift der Gesellschaft ist: Abraham-Lincoln-Str. 46, 65189 Wiesbaden, Germany

Was Sie in diesem *essential* finden können

- Analysen zu Vertrauen in Politik und Medien, wahrgenommene Responsivität und Regionalbewusstsein der Bürger im Ruhrgebiet
- Analysen zu Einstellungen der Bürger gegenüber lokalen Medien und lokaler Politik im Ruhrgebiet und diesen Einstellungen zugrunde liegende Vorstellungen von Politik und Medien
- Handlungsempfehlungen zur Überwindung der „Gesprächsstörung" zwischen Bürgern, Politikern und Journalisten auf lokaler Ebene und spezifisch im Ruhrgebiet

Inhaltsverzeichnis

Einleitung 1

Wird die liberale Idee der repräsentativen Demokratie zum Reparaturfall? Entfremden sich Gesellschaft und Politik immer stärker voneinander? Die letzten Wahlerfolge von Populisten in Deutschland und Europa haben diesen Eindruck gestärkt, denn ihre wichtigste Erfolgsquellen sind Unmut und Enttäuschung. Es ist in der Demokratie zweifelsohne etwas in Bewegung geraten, das viele an der Stabilität des politischen Systems zweifeln lässt. Politikverdrossenheit im Sinne einer fehlenden Zuversicht, dass Politiker im Interesse der Bürger handeln, wird seit Jahrzehnten diskutiert und diagnostiziert (vgl. zur Übersicht Arzheimer 2002). Sie ist als eine Enttäuschung über die gebrochenen Versprechen der Demokratie zu verstehen (Bobbio 1988; zuletzt Jörke und Selk 2017; Rosanvallon 2010). Wenngleich eine gesunde Skepsis konstitutiv für die Demokratie als Herrschaftsform der kritischen und mündigen Bürger ist und Unzufriedenheit mit dem Status quo im Idealfall ein Treiber für Innovationen wird (Kuhn 2013, S. 60), stellt sich dennoch die Frage, an welchem Punkt Unzufriedenheit mit dem Funktionieren der Demokratie auch dessen Stabilität gefährdet. Seit Jahren lässt sich feststellen, dass das „demokratische Defizit" im Sinne einer Kluft zwischen Unterstützung demokratischer Werte und daraus resultierendem Anspruch auf der einen Seite und wahrgenommener Realität des politischen Alltags auf der anderen Seite größer wird (Norris 2011).

Als im Jahr 2015 der Begriff „Lügenpresse" zum Unwort des Jahres gekürt wurde, sahen viele Beobachter dies als Zeichen für eine neue Qualität einer gesellschaftlichen Gesprächsstörung. Zwar kann von einer Erosion des Vertrauens in Medien aus heutiger Sicht nicht die Rede sein (vgl. dazu Reinemann et al. 2017; van Eimeren et al. 2017; Ziegele et al. 2018; Simon 2018). Allerdings zeigt sich auch, dass ein pauschales Negativbild bis hin zur Medienfeindlichkeit bei gut 15 bis 37 % der Bevölkerung in Deutschland verbreitet ist (Schultz et al. 2017)

© Springer Fachmedien Wiesbaden GmbH, ein Teil von Springer Nature 2019   1
K.-R. Korte und J. Dinter, *Bürger, Medien und Politik im Ruhrgebiet*, essentials,
https://doi.org/10.1007/978-3-658-28069-7_1

und sich Misstrauen gegenüber Medien bei einer Minderheit verfestigt (Jackob et al. 2019). Wenn sich Bürger nicht mehr nur von „der Politik", sondern auch zunehmend von Medien unangemessen vertreten fühlen, beschädigt das das Fundament der demokratischen Gesellschaftsordnung.

Der lokalen Demokratie wird das Potenzial zugesprochen, gerade diese Beschädigungen reparieren zu können (vgl. Etzioni 1995; Dahl 1967; Putnam 2000). Kommunen gelten als Schulen und Rettungsanker der Demokratie, weil die geringere Distanz der lokalen Politik zum Bürger Halt und Orientierung in einer immer komplexer werdenden politischen Umwelt geben kann und durch die vielfältigen Beteiligungsmöglichkeiten das Lokale als demokratisches Erprobungsfeld fungiert (Vetter 2011, 2002). Insbesondere das Ruhrgebiet charakterisierte man lange als Region, in der die lokalen politischen Eliten von der Bevölkerung als zentrale Vermittler im Sinne einer „basisnahen Stellvertretung" angesehen wurden (Goch 2001). Sie waren Teil des Selbstbildes einer regionalen Gesellschaft der „kleinen Leute". Die ökonomischen und sozialen Grundlagen dieses Modells politischer Kultur verschwanden aber mit dem Niedergang der Montanindustrie. Inzwischen sehen einige Beobachter die lange von einer starken Unterstützung der Bevölkerung für die SPD geprägte politische Landschaft an Ruhr und Emscher als populistische „Hochburg im Westen" (Sieben und Sobolewski 2017; vgl. Dinter 2019). Das starke Abschneiden der AfD, die sich selbst als Gegenpol zu einer so verstandenen politischen und medialen Elite darstellt, lässt vermuten, dass sich größere Bevölkerungsteile im „Revier" von klassischen Vermittlungs- und Entscheidungsinstanzen entfremdet fühlen.

Wie aber gestaltet sich die Gesprächsgrundlage politischer Öffentlichkeit im Ruhrgebiet im Sinne von Einstellungen gegenüber Politik und Medien sowie die diesen Einstellungen zugrunde liegenden Motive und Vorstellungen? Dieser Frage hat sich das von der Brost-Stiftung geförderte und von der NRW School of Governance durchgeführte Projekt „Kommunikationsstress im Ruhrgebiet: Die Gesprächsstörung zwischen Politikern, Bürgern und Journalisten" gewidmet. Dazu führte infratest dimap in unserem Auftrag im Dezember 2017 und August 2018 insgesamt vier Fokusgruppendiskussionen mit Bürgern aus dem Ruhrgebiet durch. Im April 2018 befragte infratest dimap zudem 1008 deutschsprachige Bewohner der Städte im Regionalverband Ruhr (RVR) zu ihren Einstellungen zu Politik und Medien.[1] Dabei untersuchten wir vordringlich vier verschiedene

---

[1]Um eine ausreichende Repräsentation unterer Alterskohorten bei der Befragung zu ermöglichen, setzte sich das Sample zur Hälfte aus einer repräsentative Zufallsstichprobe für eine Befragung im CATI-Modus und zur anderen Hälfte aus einer quotierten Stichprobe für eine

Komponenten der politischen Unterstützung (vgl. Easton 1975; Norris 2011). Zum ersten waren dies stark generalisierte Zustimmungen zu Werten der liberalen Demokratie. Eine zweite Stufe politischer Unterstützung ist die Bewertung der demokratischen Performanz. Vertrauen in Institutionen ist eine weitere Komponente politischer Unterstützung. Sie ist als generalisierte Zuversicht in das Wohlwollen sowie die Kapazität und Effektivität von Institutionen zu verstehen (Norris 2011, S. 19 f.). Viertens betrachten wir *political efficacy* bzw. politische Wirksamkeit sowie die subjektiv wahrgenommene Responsivität von Politikern. Responsivität beschreibt dabei die Bereitschaft von Mandatsträgern, auf Wünsche und Ansprüche der Bevölkerung zu reagieren (Pitkin 1967, S. 233; vgl. zur konzeptionellen und methodischen Diskussion Esaiasson et al. 2015).

Es ist aber auch davon auszugehen, dass Vertrauen in Medien eine relevante Größe politischer Unterstützung ist (vgl. Tsfati und Cohen 2005, S. 32). Wir blicken in diesem Essential deshalb auf das unspezifische, generelle Vertrauen in bestimmte Mediengattungen (siehe zur umfassenden Diskussion zu Medienvertrauen Matthes und Kohring 2003). Darüber hinaus beleuchten wir auch Bewertungen der medialen Berichterstattung in Anlehnung an die Studie „Medien als Träger politischer Informationen" (van Eimeren et al. 2017), bei denen vor allem die empfundene Repräsentation von gesellschaftlichen Interessen und Ansichten im Vordergrund stehen (vgl. dazu auch Jandura et al. 2018). Zuletzt richten wir auch einen Blick auf die Gruppe der sogenannten „politischen Zweifler"[2],

---

Befragung im CAWI-Modus zusammen. Zwei Gruppendiskussionen (GD1 und GD2) mit jeweils sechs Teilnehmern fanden im Dezember 2017 statt. Die Gruppen wurden mit Blick auf soziodemografische Merkmale möglichst ausgeglichen zusammengestellt. Lediglich im Grad der formalen Bildung unterschieden sich beide Gruppen, um potenzielle Gesprächshemmnisse abzubauen. Die Diskussionen wurden mit einem offenen Leitfaden mit Fragen zum Ruhrgebiet, zur Partizipation, Mediennutzung, dem Bild von den Medien, von Politikern und zum Spannungsfeld zwischen Politikern, Bürgern und Journalisten geleitet. Die dritte und vierte Gruppendiskussion (GD3 und GD4) fanden im August 2018, also nach der quantitativen Erhebung, statt und setzten sich, anders als die ersten Gruppen, homogen aus Teilnehmern zusammen, die die Repräsentation durch lokale Politik und lokale Medien jeweils positiv bzw. negativ bewerteten. Auf diesem Weg wurde versucht, potenziell unterschiedliche Vorstellungen und Bilder von Politik und Medien bei den Teilnehmern zu identifizieren. Der Leitfaden enthielt hier Fragen zur gesellschaftlichen Problemwahrnehmung, zur Responsivität von Politik und Medien sowie wieder zum Spannungsfeld von Politikern, Journalisten und Bürgern.

[2]Hinter dem Konzept verbirgt sich eine Kombination aus Einstellungen, die vor allem auf die Kritik an politischen Eliten zielen, aber auch auf Misstrauen gegenüber medialer Berichterstattung. Zu der Gruppe zählen Befragte, die den Aussagen „Ich kann verstehen,

um auch hier Vergleiche zur Studie „Medien als Träger politischer Informationen" ziehen zu können.

Die Ergebnisse zeigen, dass die Unzufriedenheit mit Politikern unter den Bürgern im Ruhrgebiet tatsächlich hoch ist, zugleich der Zusammenhalt von lokalen Politikern und Bürgern (noch immer) als stark wahrgenommen wird. Das zeigt, dass die lokale Ebene der Ort ist, an dem die regionale Gesellschaft wieder ins Gespräch kommen kann. Damit sie aber als „Rettungsanker der Demokratie" (Vetter 2011) wirken kann, müssen gerade auch im Ruhrgebiet große Herausforderungen überwunden werden. Zum einen müssen Politiker auch von jenen Bevölkerungsteilen, die besonders von sozialer Ungleichheit betroffen sind, als Agenten ihrer Interessen wahrgenommen werden. Zum anderen erodiert auch in den Städten an Ruhr und Emscher die lokale Gesprächsgrundlage, weil die Wandlungsprozesse der Digitalisierung ein lokales Kommunikationsvakuum entstehen lassen. In diesem Essential wollen wir schlaglichtartig einige Ergebnisse dieser Studie beleuchten und diskutieren, was sich daraus für die Entwicklung der Medienlandschaft, des Journalismus sowie der Politik und der Parteien im Ruhrgebiet und darüber hinaus lernen lässt.

---

dass manche Leute derzeit die Werte Deutschlands in Gefahr sehen", „Die etablierten Parteien haben die wichtigsten Probleme Deutschlands nicht im Griff", „Die Politiker kümmern sich nicht viel darum, was Menschen wie ich denken" sowie „Ich glaube, dass in den Medien häufig absichtlich die Unwahrheit gesagt wird" größtenteils zustimmten (siehe detailliert van Eimeren et al. 2017, S. 541).

Gesellschaft und Politik im Ruhrgebiet 2

Die Geschichte des Ruhrgebiets ist von vielen Umbrüchen geprägt. Gerade wirtschaftlich erlebte der „Kohlen-Pott" nach dem Ende des Zweiten Weltkriegs ein Auf und Ab. Der „Abschied von der Kohle" im Jahr 2018 war dennoch ein eindrucksvoller Moment der Erinnerung an eine für die Region identitätsstiftende und auch in die Zukunft weisende Ära (Dinter 2019). Er zeigt, wie sehr die Selbst- und Fremdwahrnehmung dieser Region zwischen Tradition und Aufbruch oder aber Vergangenheit und Niedergang schwankt. Denn heute ist die Region eine einzigartige Hochschullandschaft, das Herz der Gesundheitswirtschaft, Knotenpunkt für europäische Logistik und Standort einer einzigartigen Kulturlandschaft (vgl. zum Strukturwandel der Region Bogumil und Heinze 2019). Auf der anderen Seite steht das Bild vom Ruhrgebiet als Armenhaus Deutschlands. Stark überdurchschnittliche Arbeitslosen- und SGBII-Quoten in vielen Ruhrgebietsstädten, hohe Kinderarmut und die Omnipräsenz vermeintlicher „Problemviertel" wie der Dortmunder Nordstadt oder Duisburg-Marxloh prägen das Image der Region.

2.1 Gesellschaftlicher Wandel und Identität

Gegen dieses Negativimage wehren sich die Menschen, die an Ruhr und Emscher leben, vehement. Eine Umfrage aus dem Jahr 2017 zeigt, dass überdurchschnittlich viele Menschen gerne im Ruhrgebiet leben (Global Young Faculty 2017).

© Springer Fachmedien Wiesbaden GmbH, ein Teil von Springer Nature 2019
K.-R. Korte und J. Dinter, *Bürger, Medien und Politik im Ruhrgebiet*, essentials,
https://doi.org/10.1007/978-3-658-28069-7_2

Auch in unseren Gruppendiskussionen spiegelte sich dieser Umstand wider: Viele Teilnehmer fühlten sich und die Region „missverstanden" (Teilnehmer A1[1]).

Weit häufiger stellt das Ruhrgebiet einen sehr starken persönlichen, aber auch sozialen Identifikationsraum dar. Das Zugehörigkeitsgefühl zum und die Identifikation der Bevölkerung mit dem Ruhrgebiet ist also sehr stark ausgeprägt, obwohl bis zuletzt die Städte, Kreise und das Land die maßgeblichen politischen Akteure sind. Trotzdem gibt es diese Identität, die über die Grenzen der jeweiligen Stadt hinausgeht: „Es ist eigentlich egal, in welcher Stadt ich wohne. Hauptsache im Ruhrgebiet" (C1). Entsprechend bezeichneten die Teilnehmer unserer Gruppendiskussionen die Region auch allesamt als ihre „Heimat" (A1, F1, C1, D1, G1, D2, B2) oder ihr „zu Hause" (F2), sogar als ihr „Leben" (E2) oder den „Ort, von dem ich nie wegziehen" möchte (D1). In diesen Zitaten zeigt sich die enorme emotionale Bindung an das Ruhrgebiet.

Neben den Vorteilen der Metropole der kleinen Räume bringt die Struktur des Ruhrgebiets jedoch nicht nur infrastrukturelle, sondern auch gesellschaftliche „Altlasten" mit sich. Über Jahrzehnte haben sich homogene Stadtteilstrukturen erhalten, deren soziale Lagen sich im Laufe wirtschaftlicher Wandlungsprozesse zunehmend polarisierten. In einzelnen Stadtteilen bündeln sich Arbeitslosigkeit, Armut, geringe Bildung und hohe Ausländeranteile (Bogumil et al. 2012; Jeworutzki et al. 2017).

Die starke soziale Heterogenität in der Region ist tief im Bewusstsein der Bevölkerung an Ruhr und Emscher verankert. Zur regionalen Identität gehört entsprechend auch ein starkes Bewusstsein für die Probleme der Region, die mit Ungleichheit verbunden sind. Die Teilnehmer unserer Gruppendiskussionen sehen problematische bis hin zu klaffenden Unterschieden zwischen den Stadtteilen in der Region: Es gäbe „Communities, die ihr eigenes Süppchen kochen" (A1), eine „Zweiklassengesellschaft" (C1), Unterschiede zwischen Nord und Süd (G1, B2) oder Probleme bei der Integration sowie Abkopplungstendenzen von einzelnen Gesellschaftsteilen (E1). Unsere Umfrage zeigt wiederum, dass soziale Ungleichheit auch als das vorrangige regionale Problem wahrgenommen wird. Soziale Ungleichheit wird mit großen Sorgen und zugleich den deutlichsten Erwartungen an die Politik verbunden. Der Aussage „Die großen Unterschiede zwischen Arm und Reich im Ruhrgebiet sind eine Gefahr für die Gesellschaft" stimmten in unserer Umfrage 78,5 % der Befragten zu (Abb. 2.1). Beinahe genauso viele sehen

---

[1]Zur Illustration der Codierung der Teilnehmer: Teilnehmer A1 meint den ersten Teilnehmer der Gruppendiskussion 1, D2 entsprechend den vierten Teilnehmer der zweiten Gruppendiskussion.

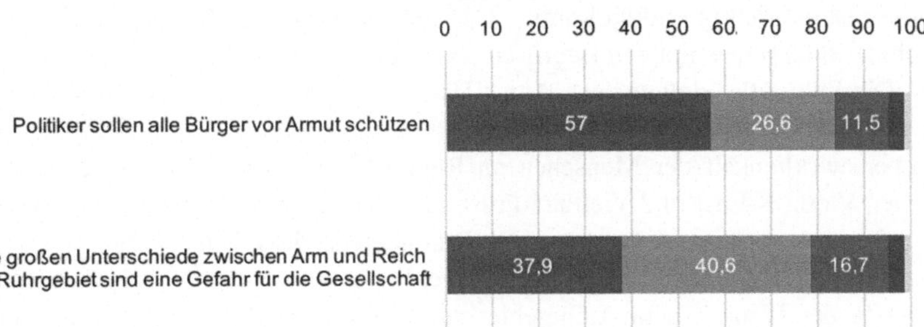

Abb. 2.1 Wahrgenommene soziale Ungleichheit (Fragen: „Es gibt verschiedene Meinungen darüber, wie eine Demokratie funktionieren sollte. Bitte geben Sie zu den folgenden Aussagen an, ob Sie ihnen voll und ganz zustimmen, eher zustimmen, eher nicht zustimmen oder überhaupt nicht zustimmen" sowie „Über das Ruhrgebiet gibt es unterschiedliche Meinungen. Welche der folgenden Aussagen treffen Ihrer Meinung nach voll und ganz zu, eher zu, eher nicht zu oder überhaupt nicht zu?" Basis: Deutschsprachige Bevölkerung im Ruhrgebiet (RVR) ab 18 Jahren (n = 1008)). (Quelle: Eigene Darstellung)

aber den Schutz aller Bürger vor Armut als zentrale Aufgabe von Politikern in einer Demokratie. Sozialpolitik kann daher als wichtigstes politisches Handlungsfeld für die Region identifiziert werden.

Deutlich ambivalenter wird hingegen kulturelle Heterogenität im Ruhrgebiet bewertet. Das Zusammenleben von Menschen aus verschiedenen Ländern war schon immer Bestandteil einer Ruhrgebietsidentität. Da das Ruhrgebiet als Region erst durch die Industrialisierung entstanden ist, war auch der für das Wachstum der Montanindustrie notwendige Zuzug von „Gastarbeitern" schon immer Teil des Ruhrgebiets (Goch 2018). Bereits Karl Rohe beschrieb das Ruhrgebiet als „Einwandererregion par excellence", in der sich Einstellungsmuster und Verhaltensweisen entwickelt hätten, die nicht allein durch den Bergbau oder die industrielle Prägung zu erklären seien (1986, S. 72). Auf Zuwanderung angesprochen, sahen die meisten Teilnehmer in unseren Gruppendiskussionen sowohl Vor- als auch Nachteile, nannten sie „Herausforderung" oder „heißes Eisen" (A1, D1). Das zum Teil idealisierte Bild des Zusammenhalts der Kumpel unter Tage, bei der die Herkunft keine Rolle spielte, lässt sich auch heute noch wiederfinden. Für die Teilnehmer unserer Gruppendiskussionen gehörten neben der Bergbautradition und dem grünen Bewusstsein auch der außergewöhnliche gesellschaftliche Zusammenhalt und kulturelle Heterogenität („Vielfalt", E1; „[hier ist es] richtig multikulturell", C2; „offen", G1) zum Ruhrgebiet. Eine Teilnehmerin fasst dies mit den Begriffen „bunt, Zeche, Heimat" (G1) zusammen.

Die kulturelle Vielfalt des „Potts" lässt sich aber nicht nur als verbindendes, sondern auch als trennendes Element verstehen (WBGU 2016, S. 286 f.). Die Lebenswirklichkeit der Menschen an Ruhr und Emscher schwankt daher zwischen Vielfalts-Lust und Vielfalts-Frust. Auf der einen Seite denken laut unserer Umfrage 69,6 % der Bewohner des Ruhrgebiets, dass Unterschiede zwischen gesellschaftlichen Gruppen das Ruhrgebiet bereichern. Zugleich haben aber auch 53,8 % der Menschen im Ruhrgebiet das Gefühl, die Region würde „in einem gefährlichen Maß überfremdet". Ähnlich geteilt ist das Bild, wenn man nach dem Zusammenhalt der Menschen im Ruhrgebiet fragt. Mit 54,0 % glaubt etwas mehr als die Hälfte der Ruhrgebietsbevölkerung, dass die Menschen in der Region zusammenhalten, „egal welcher Nationalität oder Religion sie angehören". Zugleich befürchten 42,1 %, kulturelle Unterschiede würden dem Zusammenhalt der Menschen im Ruhrgebiet schaden (Tab. 2.1).

Tab. 2.1 Einstellungen zu kultureller Vielfalt

„trifft voll und ganz zu"/„trifft zu" in %	Gesamt	18–29 J	30–59 J	60+J	Politische Zweifler
Im Ruhrgebiet halten die Menschen zusammen, egal welcher Nationalität oder Religion sie angehören	54,0	52,0	56,3	56,5	34,5
Unterschiede zwischen gesellschaftlichen Gruppen bereichern das Ruhrgebiet	69,6	59,6	72,2	73,5	51,9
Zu viele kulturelle Unterschiede schaden dem Zusammenhalt der Menschen im Ruhrgebiet	42,1	45,6	39,5	46,2	69,2
Das Ruhrgebiet wird in einem gefährlichen Maß überfremdet	53,8	51,2	51,1	62,0	86,7

Frage: „Über das Ruhrgebiet gibt es unterschiedliche Meinungen. Welche der folgenden Aussagen treffen Ihrer Meinung nach voll und ganz zu, eher zu, eher nicht zu oder überhaupt nicht zu?"
Basis: Deutschsprachige Bevölkerung im Ruhrgebiet (RVR) ab 18 Jahren (n = 1008)
Quelle: Eigene Berechnungen

Tab. 2.2 Einstellungen zum Zusammenhalt im Ruhrgebiet

„trifft voll und ganz zu"/„trifft zu" in %	Gesamt	18–29 J	30–59 J	60+J	Politische Zweifler
Wenn es hart auf hart kommt, halten Politiker und Bürger im Ruhrgebiet zusammen	50,9	37,3	49,7	67,2	33,5
Den meisten Menschen im Ruhrgebiet kann man trauen	75,7	59,6	79,0	86,5	61,2

Frage: „Über das Ruhrgebiet gibt es unterschiedliche Meinungen. Welche der folgenden Aussagen treffen Ihrer Meinung nach voll und ganz zu, eher zu, eher nicht zu oder überhaupt nicht zu?"
Basis: Deutschsprachige Bevölkerung im Ruhrgebiet (RVR) ab 18 Jahren (n = 1008)
Quelle: Eigene Berechnungen

Man könnte eine Erklärung für dieses ambivalente Bild darin suchen, dass nach dem Ende des Steinkohlebergbaus in einer ohnehin stärker individualisierten Gesellschaft die gemeinsamen Berührungspunkte gesellschaftlicher Gruppen im Ruhrgebiet weniger geworden sind (Goch 2018). Dass kulturelle Vielfalt aber nicht nur vereinende, sondern auch trennende Auswirkungen auf die Gesellschaft haben kann, ist nicht zwangsläufig eine Wirkung der vielfältigen Strukturwandel der Region. Auch zur Blütezeit der Montanindustrie ließen sich bereits Muster der Koexistenz einer Vielzahl von in sich geschlossenen Milieus erkennen, zwischen denen nur wenig Austausch stattfand (Rohe 1986, S. 76 f.).

In der Frage, ob kulturelle Vielfalt als Vor- oder Nachteil wahrgenommen wird, scheint die regionale Gesellschaft unentschlossen bis polarisiert. Davon unberührt ist der soziale Zusammenhalt in der Region noch immer stark ausgeprägt. Der Aussage, dass man den meisten Menschen im Ruhrgebiet trauen könne, stimmen laut unserer Umfrage mit 75,7 % über drei Viertel der regionalen Bevölkerung zu (Tab. 2.2). Allerdings ist dieses allgemeine soziale Vertrauen unter jüngeren Befragten deutlich geringer ausgeprägt.

2.2 Politischer Strukturwandel

Gesellschaftliche Wandlungsprozesse wie die Individualisierung haben, so argumentieren viele Beobachter, im Ruhrgebiet erst verspätet eingesetzt. Gleiches gilt auch für politische Umbrüche, deren Anzeichen erst in den letzten zwei Jahrzehnten deutlich wurden. Lange war die Region von einem Politikmodell der

„basisnahen Stellvertretung" geprägt (Goch 2001). Damit verbunden ist zum einen die Rolle der SPD als dominante politische Kraft. Sozialdemokratische Eliten „aus gewerkschaftlichen, kommunalpolitischen und parteipolitischen Multifunktionären [spielten] die zentrale Rolle der Vermittlung zwischen Arbeiterschaft und Ökonomie, Politik und Gesamtgesellschaft" (Goch 2001, S. 32). Die aktive politische Elite hat es so geschafft, auch zum „Ausdruck der kollektiven Erfahrungen der ,kleinen Leute' in den Industriestadtteilen des Ruhrgebiets" zu werden und als deren Interessenvertreter eine spezifische „Kultur des kleinen Mannes" zu entwickeln (Faulenbach 1989, zit. nach Goch 2001, S. 32). Zeitgleich war die politische Kultur der Ruhrgebietsbevölkerung durch ein defensives Misstrauen gegen Eliten und einen ausgesprochenen Pragmatismus gekennzeichnet (Niethammer 1986, S. 206). Rohe schreibt beispielsweise, Bürger hätten Politik als Geschäft von „denen da oben" empfunden und ihr nur einen geringen Stellenwert in der individuellen Lebenswelt zugesprochen (1986, S. 75). So sei „politische Abstinenz [...] die wahrscheinlichste Haltung" (1986, S. 76) gewesen.

Besteht aber weiterhin die starke Bindung zwischen lokalen Eliten und Bürgern, die von Historikern als Besonderheit, als Fundament des regionalen politischen Systems beschrieben wird? Ist gleichzeitig eine defensive Abwehrhaltung gegenüber dem „politischen Geschäft" in der Vorstellungswelt der „Ruhrgebietler" verankert? Im Ausgang vergangener Wahlen in der Region lassen sich Hinweise dafür finden; gleichzeitig zeichnen sich erste Veränderungen ab (dazu ausführlicher Dinter 2019). Bis zuletzt haben die Sozialdemokraten im Ruhrgebiet bei allen Wahlen überdurchschnittliche Ergebnisse erzielen können. Obwohl die Volksparteien, insbesondere die SPD, im Ruhrgebiet also noch immer stark sind, haben sie hier aber auch überdurchschnittliche Verluste verzeichnen müssen. Parallel zu großen Stimmenverlusten für die SPD konnte aber die AfD bei den Wahlen im Jahr 2017 Erfolge im Ruhrgebiet feiern. Bei der Bundestagswahl lag ihr Stimmanteil im Schnitt aller RVR-Städte mit 11,4 % zwar leicht unter dem Bundesschnitt, aber über dem nordrhein-westfälischen Landesschnitt (vgl. Regionalverband Ruhr 2017; Landeswahlleiter 2017c). Die Wahlkreise Essen II, Duisburg II und Gelsenkirchen sind unter den 15 erfolgreichsten Wahlkreisen der Partei in Westdeutschland (vgl. Bergmann et al. 2018).

Eine Besonderheit scheint der oberflächliche Zusammenhang des Erfolgs der AfD mit der wirtschaftlichen Schwäche und eben sozialen Problemen in den erfolgreichen Wahlkreisen zu sein (Bergmann et al. 2018). Die Ruhrgebietshochburgen der AfD bilden unter den restlichen Hochburgen der Partei, die vornehmlich in Ostdeutschland und Bayern liegen, mit Blick auf Bevölkerungsdichte und soziodemografische Merkmale aber eine Ausnahme (Bergmann et al. 2018, S. 256 ff.). Gerade weil politische Unzufriedenheit und Unbehagen mit kultureller Vielfalt als zentrale Wahlmotive für die rechtspopulistische Partei identifiziert wurden (infratest dimap 2018; Follmer et al. 2018), sprechen die AfD-Wahlerfolge vor allem für eine starke Skepsis in Teilen der Ruhrgebietsbevölkerung gegenüber Eliten und Pluralismus – nicht zwangsläufig aber für einen direkten Zusammenhang von AfD-Erfolg und „sozialer Abgehängtheit" (vgl. auch Dinter 2019).

Der Rückgang der generellen Wahlbeteiligung fällt im Ruhrgebiet wiederum überdurchschnittlich ins Gewicht. Der Wahlkreis Duisburg II hatte bei der Bundestagswahl 2017 bundesweit die geringste Beteiligungsquote (vgl. Landeswahlleiter 2017a), auch bei der Landtagswahl im selben Jahr waren die Wahlkreise mit den niedrigsten Wahlbeteiligungen im Ruhrgebiet.[2] Das lässt sich vor allem mit der starken sozialen Spaltung der Wahlbeteiligung erklären (vgl. Kaeding et al. 2016; Dinter 2019, S. 34). Zwar gab es bei der Landtagswahl 2017 einen Anstieg der Wahlbeteiligung in allen Wahlkreisen und dieser Zuwachs war sogar relativ unabhängig von sozioökonomischen Faktoren. Es blieben aber starke Unterschiede zwischen den Wahlbezirken. Deutlich wird das im Vergleich von Duisburg-Marxloh (33 %) und Duisburg-Großenbaum/–Rahm (67 %) oder dem Essener Nordviertel (45 %) und Essen-Bredeney (80 %) (vgl. Schäfer 2017). Dass die Beteiligung an Wahlen sozial gespalten ist, ist kein Ruhrgebiets-spezifisches Phänomen. Vor dem Hintergrund der großen sozialen Ungleichheit in der Region ist die Spaltung der Wahlbeteiligung auch nicht überraschend.[3]

In welchem Verhältnis sich die Ruhrgebietsbevölkerung zu Politikern ganz allgemein und zu lokalen Politikern im Speziellen wähnt, werden wir im folgenden Kapitel genauer betrachten. Zunächst möchten wir aber einen Blick darauf werfen, ob sich auch heute noch Anzeichen für eine besonders starke Bindung zwischen Bürgern und regionalen Eliten finden lassen. Wie stark der Zusammenhalt von Politik und Gesellschaft empfunden wird, spiegelt sich in der Zustimmung zur Aussage „Wenn es hart auf hart kommt, halten Politiker und Bürger im Ruhrgebiet zusammen." Nach unserer Umfrage stimmt gut die Hälfte der Bevölkerung im Ruhrgebiet dieser Aussage zu (Tab. 2.2). Dieser Wert ist nicht nur vor dem Hintergrund des generell negativen Bildes gegenüber der Politik bemerkenswert, sondern umso bedeutsamer, vergleicht man einige Einstellungen der Bürger im Ruhrgebiet zur Politik auf nationaler Ebene: Über 70 % der Befragten

---

[2]Die niedrigste Wahlbeteiligung gab es in den Wahlkreisen Duisburg III (53,1 %), Duisburg IV (54,2 %) und Gelsenkirchen II (55,2 %) (vgl. Landeswahlleiter NRW 2017b).

[3]Zur sozialen Spaltung der Wahlbeteiligung in ausgewählten Ruhrgebietswahlkreisen vgl. exemplarisch Kaeding et al. (2016).

sind beispielsweise der Ansicht, die „etablierten Parteien" hätten die wichtigsten Probleme Deutschlands nicht im Griff; beinahe 65 % stimmten der Aussage zu „Politiker kümmern sich nicht viel darum, was Menschen wie ich denken" (Abb. 2.2). Während wiederum 68,6 % generell den Eindruck teilten, dass sich

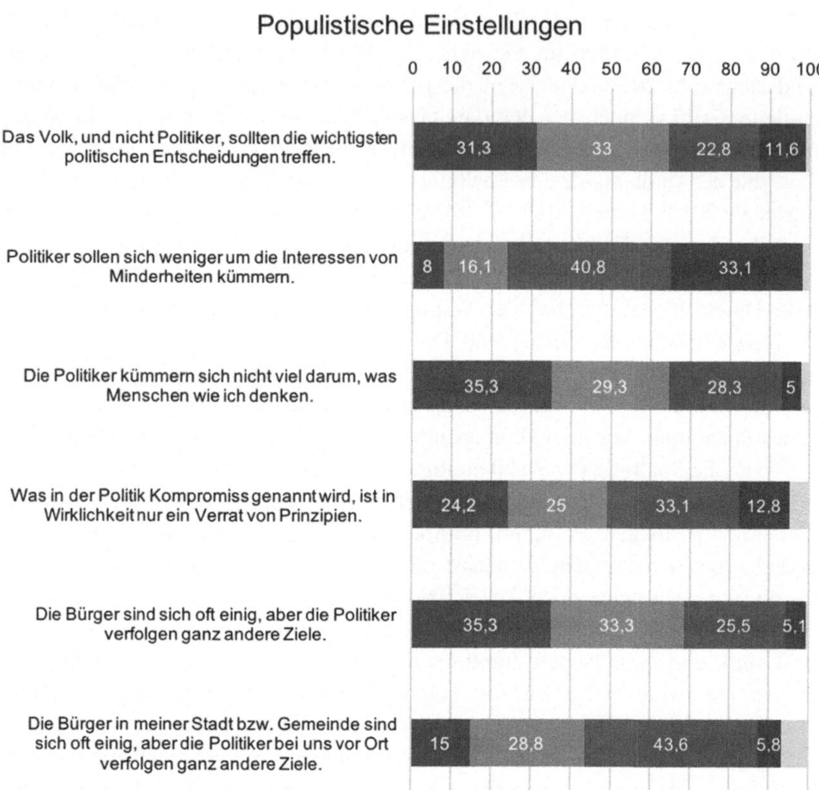

Abb. 2.2 Populistische Einstellungen (Fragen: „Es gibt verschiedene Meinungen darüber, wie eine Demokratie funktionieren sollte. Bitte geben Sie zu den folgenden Aussagen an, ob Sie ihnen voll und ganz zustimmen, eher zustimmen, eher nicht zustimmen oder überhaupt nicht zustimmen" sowie „Wie ist Ihre Meinung zu folgenden Aussagen zur Politik in Deutschland?" Basis: Deutschsprachige Bevölkerung im Ruhrgebiet (RVR) ab 18 Jahren (n = 1008)). (Quelle: Eigene Darstellung)

die Bürger oft einig wären, die Politik aber ganz andere Ziele verfolge, stimmten dieser Aussage bezogen auf ihre Heimatstadt nur 43,8 % der Befragten zu (Abb. 2.2).

Besonders problematisch erscheint an dieser Stelle, dass die Städte im Ruhrgebiet gerade aufgrund exogener Faktoren wie hoher Sozialausgaben und geringer Steuereinnahmen so hoch verschuldet sind, dass sie kaum noch handlungsfähig sind (Bogumil 2012, S. 31 ff.; WBGU 2016, S. 290). Ende 2017 hatten von den 53 Ruhrgebietsstädten nur fünf Kommunen einen ausgeglichenen Haushalt. Nur neun Städte kamen ohne enorme Sparmaßnahmen aus, insgesamt 19 Kommunen sind überschuldet oder davon bedroht (MHKBG 2017). Die geringen Handlungsspielräume der lokalen Politik nimmt auch die Bevölkerung wahr: Beinahe 67 % waren der Auffassung, dass die Probleme der Städte im Ruhrgebiet zu groß sind, als dass sie von der lokalen Politik gelöst werden könnten. Deutlich weniger sind beispielsweise der Auffassung, dass die heutigen Probleme generell so kompliziert seien, dass die Politik sie nicht mehr lösen könne (52,9 %) (Abb. 2.3).

Es verfestigt sich also ein Muster, in dem die lokal-regionale Beziehung von Bürgern und Politikern als intakter wahrgenommen wird als auf abstrakter Ebene. Das drückt sich auch in weit verbreiteten „populistischen" Vorstellungen aus, die davon ausgehen, dass sich Volk und Elite feindlich gegenüberstünden.

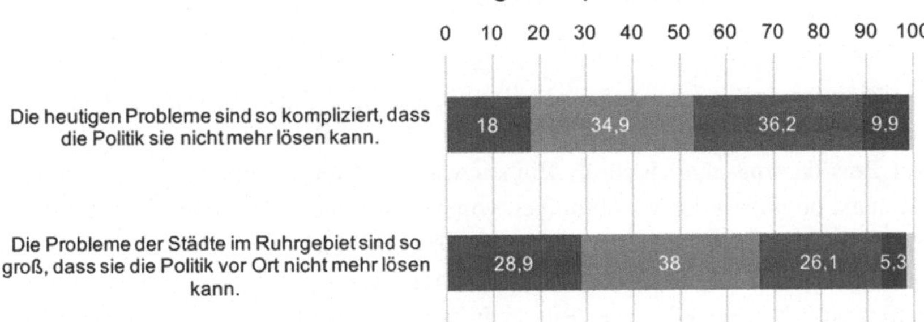

Abb. 2.3 Politische Lösungskompetenz (Fragen: „Wie ist Ihre Meinung zu folgenden Aussagen zur Politik in Deutschland?" sowie „Über das Ruhrgebiet gibt es unterschiedliche Meinungen. Welche der folgenden Aussagen treffen Ihrer Meinung nach voll und ganz zu, eher zu, eher nicht zu oder überhaupt nicht zu?" Basis: Deutschsprachige Bevölkerung im Ruhrgebiet (RVR) ab 18 Jahren (n = 1008)). (Quelle: Eigene Darstellung)

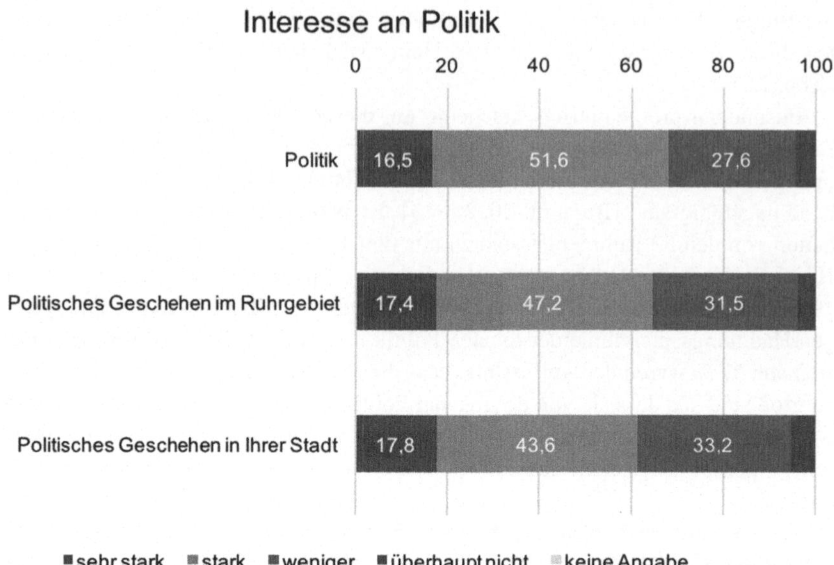

Abb. 2.4 Interesse an Politik (Fragen: „Einmal ganz allgemein gesprochen: Wie stark interessieren Sie sich für Politik?", „Wie stark interessiert Sie das politische Geschehen im Ruhrgebiet?" sowie „Und wie stark interessieren Sie sich für das politische Geschehen in Ihrer Stadt oder Gemeinde?" Basis: Deutschsprachige Bevölkerung im Ruhrgebiet (RVR) ab 18 Jahren (n = 1008)). (Quelle: Eigene Darstellung)

Die Zustimmung zur Aussage, dass Politiker andere Ziele verfolgten als die sich im Grunde einigen Bürger, hat bereits gezeigt, dass Bürger im Ruhrgebiet Politik und Bevölkerung eher noch als Einheit wahrnehmen, auf nationaler Ebene aber durchaus populistische Vorstellungen von der Beziehung zwischen Politikern und Bürgern teilen. Damit einher geht beispielsweise auch die Forderung, dass „das Volk, und nicht die Politiker, [...] die wichtigsten politischen Entscheidungen treffen [soll]", der 64,3 % der Bürger in unserer Umfrage zustimmen (Abb. 2.2). Insofern trifft also sowohl das Bild des gegenüber Politik grundsätzlich skeptischen, als auch des stark an lokale Eliten gebundenen Bürgers im Ruhrgebiet zu – auch wenn dies keinesfalls ein Spezifikum des Ruhrgebiets sein muss. Allein für eine „politische Abstinenz" als Haltung der Bürger an Ruhr und Emscher haben wir keine Anzeichen gefunden. Gut 68 % interessieren sich demnach (sehr) stark für Politik, beinahe 65 % interessieren sich für Politik im Ruhrgebiet und mit 61,4 % etwas weniger für Politik in der eigenen Stadt und Gemeinde (Abb. 2.4).

Nähe zur lokalen Politik 3

Wie genau gestaltet sich aber nun die Gesprächsgrundlage von Bürgern und Politikern im Ruhrgebiet? Wie sieht das regionale Fundament aus Einstellungen zum und Vorstellungen vom politischen System und zur Politik genau aus?

Dass sich Bürger von lokalen Politikern besser verstanden und in der Regel auch besser vertreten fühlen, hat die Politikwissenschaft bereits zeigen können (vgl. Vetter 2002a; b). Die geringere Distanz der lokalen Politik zum Bürger gibt Halt und Orientierung in einer immer komplexer werdenden politischen Welt (Vetter 2011). Städte und Gemeinden fungieren damit im Sinne einer Ressource für die Demokratie, weil vermutet wird, dass die positiven Erfahrungen in der Kommune negative Gefühle und Einstellungen auf höheren Ebenen (Land, Bund, Europa) kompensieren können. Damit das Lokale diese Kompensationsfunktion erfüllen kann, ist es also zunächst notwendig, dass die Bewertung der lokalen Politik besser ausfällt als auf anderen Ebenen (vgl. Vetter 2002b). Wie sich bereits angedeutet hat, ist dies im Ruhrgebiet sehr deutlich zu erkennen.

Während unserer Erhebung nach im Ruhrgebiet 46,5 % der Bevölkerung mit dem Funktionieren der Demokratie sehr oder eher zufrieden sind, wird die lokale Demokratie von 54,3 % in der Tendenz positiv bewertet (Tab. 3.1). Ein deutlicheres Bild zeichnet sich beim Institutionenvertrauen ab. Während 40,0 % der Befragten den Politikern in ihrer Stadt oder Gemeinde ganz oder eher vertrauen, sind es auf nationaler Ebene nur 26,2 %. Gleiches gilt für den Stadtrat im Vergleich zum Bundestag (44,6 zu 39,3 %) oder den Bürgermeister im Vergleich zur Bundesregierung (49,5 % zu 36,8 %) (Abb. 3.1).

Am deutlichsten unterscheiden sich die lokalen und allgemeinen Bewertungen bei der empfundenen Responsivität – also dem Gefühl, dass Politiker Bürgern zuhören und in ihrem Sinne handeln. Hier sind – je nach Fragestellung – Unterschiede zwischen 13,8 und 26,6 %punkten zu erkennen. Der Aussage „Politiker

© Springer Fachmedien Wiesbaden GmbH, ein Teil von Springer Nature 2019   15
K.-R. Korte und J. Dinter, *Bürger, Medien und Politik im Ruhrgebiet*, essentials,
https://doi.org/10.1007/978-3-658-28069-7_3

Tab. 3.1 Demokratiezufriedenheit

„sehr zufrieden"/„zufrieden" in %	Gesamt	18–29 J	30–59 J	60+J	Politische Zweifler
Deutschland	46,5	44,3	44,0	51,5	14,9
Stadt oder Gemeinde	54,3	57,2	51,2	62,5	32,5

Frage: „Wie zufrieden sind Sie mit der Art und Weise, wie die Demokratie in Deutschland funktioniert?" sowie „Wie zufrieden sind Sie mit der Art und Weise, wie die Demokratie in Ihrer Stadt oder Gemeinde funktioniert?"
Basis: Deutschsprachige Bevölkerung im Ruhrgebiet (RVR) ab 18 Jahren (n = 1008)
Quelle: Eigene Berechnungen

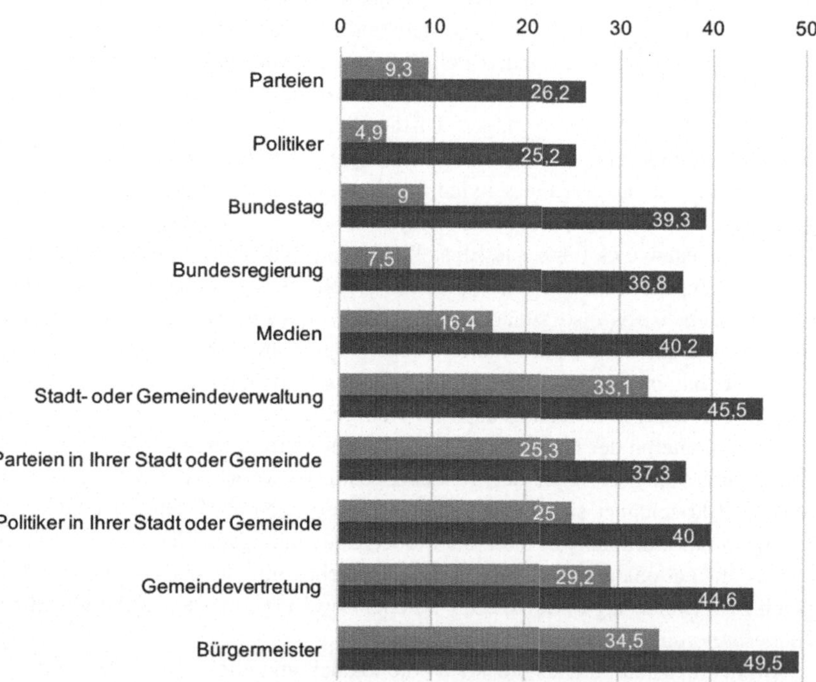

Abb. 3.1 Institutionenvertrauen (Frage: „Bitte geben Sie für folgende Institutionen an, wie viel Vertrauen Sie in sie haben." Basis: Deutschsprachige Bevölkerung im Ruhrgebiet (RVR) ab 18 Jahren (n = 1008)). (Quelle: Eigene Darstellung)

bemühen sich um einen engen Kontakt zur Bevölkerung" stimmten beispielsweise nur 20,8 % der Befragten zu; der gleichen Aussage bezogen auf lokale Politiker stimmten hingegen 47,4 % zu (Tab. 3.2 und 3.3). Verglichen mit diesen Aussagen lassen sich aber auch zwei Defizite lokaler Politiker erkennen, wenngleich die Bewertungen auf lokaler Ebene selbst in diesen Punkten deutlich besser ausfallen als bei nationalen Politikern: Während lokale Politiker also scheinbar gute Bewertungen bekommen, wenn es darum geht, Bürgern „zuzuhören" und auch in ihrem Sinne zu handeln, lässt sich deutliches Verbesserungspotenzial in der Vermittlung lokaler Politik identifizieren. Zum anderen haben nur 36,3 % der Befragten ganz oder eher das Gefühl, Politiker in den Städten im Ruhrgebiet würden sich darum kümmern, „was einfache Leute denken". Hier sind zwar wiederum sehr deutliche Unterschiede zur abstrakten Ebene zu erkennen, stimmen dieser Aussage für Politiker im Allgemeinen doch nur 14,7 % zu.

Wenig verwunderlich ist, dass die per Definition Politik gegenüber besonders kritischen Gruppen innerhalb der Bevölkerung – die „politischen Zweifler" oder „Populisten" – deutlich unzufriedener mit dem Funktionieren der Demokratie sind, kaum Vertrauen in Politiker, Parteien, Regierung oder Bundestag haben und auch die Responsivität von Politikern schlechter bewerten als der Durchschnitt

Tab. 3.2 Subjektiv wahrgenommene Responsivität von Politikern

„trifft voll und ganz zu"/„trifft zu" in %	Gesamt	18–29 J	30–59 J	60+J	Politische Zweifler
Politiker hören sich auch nach ihrer Wahl die Wünsche von Bürgern an	25,4	12,9	23,0	36,0	6,7
Politiker erklären Bürgern ihre Entscheidungen	26,7	21,1	25,7	31,5	12,7
Politiker versuchen, ihre Entscheidungen an die Wünsche der Bürger anzupassen	28,7	19,0	30,3	31,9	7,4
Politiker kümmern sich darum, was einfache Leute denken	14,7	11,2	16,3	15,1	3,7
Politiker bemühen sich um einen engen Kontakt zur Bevölkerung	20,8	12,9	19,9	28,1	9,3

Frage: „Und wie ist Ihre Meinung zu folgenden Aussagen über Politiker in Deutschland?"
Basis: Deutschsprachige Bevölkerung im Ruhrgebiet (RVR) ab 18 Jahren (n = 1008)
Quelle: Eigene Berechnungen

Tab. 3.3 Subjektiv wahrgenommene Responsivität von lokalen Politikern

„trifft voll und ganz zu"/„trifft zu" in %	Gesamt	18–29 J	30–59 J	60+J	Politische Zweifler
Politiker meiner Stadt bzw. Gemeinde hören sich auch nach ihrer Wahl die Wünsche von Bürgern an	43,9	38,3	47,0	48,0	33,2
Politiker meiner Stadt bzw. Gemeinde erklären Bürgern ihre Entscheidungen	40,5	34,5	43,6	43,6	33,7
Politiker meiner Stadt bzw. Gemeinde versuchen, ihre Entscheidungen an die Wünsche der Bürger anzupassen	46,7	42,1	50,7	47,7	32,2
Politiker meiner Stadt bzw. Gemeinde kümmern sich darum, was einfache Leute denken	36,3	41,0	33,8	33,8	28,8
Politiker meiner Stadt bzw. Gemeinde bemühen sich um einen engen Kontakt zur Bevölkerung	47,4	44,6	50,8	50,8	33,2

Frage: „Denken Sie nun einmal nur an die Politiker Ihrer Stadt bzw. Gemeinde, also z. B. Ihren Bürgermeister oder Ihre Vertreter im Stadt- oder Gemeinderat. Bitte geben Sie wiederum jeweils an, ob die folgenden Aussagen Ihrer Meinung nach voll und ganz zutreffen, eher zutreffen, eher nicht zutreffen oder überhaupt nicht zutreffen."
Basis: Deutschsprachige Bevölkerung im Ruhrgebiet (RVR) ab 18 Jahren (n = 1008)
Quelle: Eigene Berechnungen

der Befragten. Die Gruppe der politischen Zweifler machte im April 2018 gut ein Viertel der Bevölkerung im Ruhrgebiet aus. Ein Blick auf die einzelnen Statements, auf deren Grundlage eine Zuordnung zu dieser Gruppe geschieht, verrät, dass im Ruhrgebiet vor allem die Kritik an politischen Eliten groß ist. Mit 74 % lag die Zustimmung zur Aussage „Ich kann verstehen, dass manche Leute die Werte Deutschlands in Gefahr sehen" im Ruhrgebiet 2018 13 Prozentpunkte höher als im Jahr 2017 in ganz Deutschland. Zur Aussage „Politiker kümmern sich nicht darum, was Menschen wie ich denken", war die Zustimmung mit über 64 % sogar gut 15 Prozentpunkte höher (Tab. 3.4). Noch einmal negativer sind die Einstellungen jener Bevölkerungsteile im Ruhrgebiet, die den Eindruck

Tab. 3.4 „Politische Zweifler"

„trifft voll und ganz zu"/„trifft zu" in %	Ruhrgebiet 2018	Deutschland 2017	Deutschland 2016
Ich kann verstehen, dass manche Leute derzeit die Werte Deutschlands in Gefahr sehen	74	61	76
Die etablierten Parteien haben die wichtigsten Probleme Deutschlands nicht im Griff	70	53	71
Die Politiker kümmern sich nicht viel darum, was Menschen wie ich denken	64	49	70
Ich glaube, dass in den Medien häufig absichtlich die Unwahrheit gesagt wird	39	48	55

Frage: „Wie ist Ihre Meinung zu folgenden Aussagen zur Politik in Deutschland?"
Basis Ruhrgebiet 2018: Deutschsprachige Bevölkerung im Ruhrgebiet (RVR) ab 18 Jahren (n = 1008)
Basis Deutschland 2017: Deutschsprachige Bevölkerung ab 14 Jahren (n = 2017)
Basis Deutschland 2016: Deutschsprachige Bevölkerung ab 18 Jahren (n = 1000)
Quelle: Eigene Berechnungen

haben, die Gesellschaft werde in der medialen Berichterstattung nicht repräsentiert. Überdurchschnittlich groß ist das Unbehagen an der Politik aber auch unter den jüngeren Befragten. Unter den 18- bis 29-Jährigen hatten deutlich weniger das Gefühl, Politiker würden sich um die Belange der Bevölkerung kümmern.

Trotz der negativeren Einstellungen gegenüber Politik unter „politischen Zweiflern" und in der jüngeren Generation werden aber lokale Politiker auch in diesen kritischen Gruppen deutlich positiver bewertet. Teilweise sind die Unterschiede zwischen der empfundenen allgemeinen Responsivität im Vergleich zur lokalen Ebene noch einmal größer als im Gesamtdurchschnitt der Bevölkerung. Das zeigt, dass die lokale Politik im Ruhrgebiet nicht „resistent" gegen die Ursachen politischen Unmuts ist. Dennoch scheinen die Ursachen für diesen Unmut weniger den lokalen politischen Eliten zugeordnet zu werden. Viel eher ist es so, dass die Politik im direkten Lebensumfeld der Bürger eine Kompensationsfunktion für die Demokratie auf höheren Ebenen erfüllen kann – und das im Besonderen auch unter politisch Unzufriedenen.

Welche Erfahrungen, Motive und Vorstellungen stehen nun aber hinter dem tendenziell negativen Bild von Politikern im Allgemeinen und dem positiveren Bild von Lokalpolitikern im Ruhrgebiet? Beide Einstellungsmuster lassen sich über gesellschaftliche Gruppen hinweg identifizieren. Einige Erkenntnisse dazu lassen sich aus den von uns durchgeführten Gruppendiskussionen ziehen. Das allgemeine Negativbild von Politikern setzte sich bei den Teilnehmern immer wieder aus drei Motiven zusammen: der Realitätsferne, der Berechnung und der Ineffizienz von Politikern. Im Bild des „realitätsfernen" und „abgehobenen" Politikers drückt sich eine große wahrgenommene Distanz zwischen Bürgern und Politik aus. Dieses Gefühl äußerten Teilnehmer aller Gruppen. Eine Teilnehmerin hatte beispielsweise den Eindruck, Politiker wüssten nicht einmal, „was ein Brot kostet" (G1). Dieses Negativbild wird auch aus den Wünschen deutlich, die viele Teilnehmer an Politiker richten: „Dass sie näher bei den Menschen sind. Dass sie sich vor Ort [...] mal angucken, wie Menschen leben. Dass sie in die Schule gehen, dass sie in die Stadtteile gehen. Dass sie in Gegenden gehen, wo es den Menschen vielleicht nicht so gut geht. Um mal wirklich zu sehen, was da vor Ort los ist" (E3, in ähnlicher Weise C3). Zum zweiten wurde wiederholt das Bild eines strategisch handelnden und unehrlichen Politikers bemüht. Eine Teilnehmerin bezeichnete Politiker als „Schauspieler" oder „lebende Werbeträger" und ihre Bemühungen, im Interesse der Bevölkerung zu handeln, als „Fassade" (G1, mit Einschränkung auch E1 und A1). Dieses Motiv wird gestärkt vom Eindruck, Politiker würden immer das sagen, was ihr Gegenüber gerade hören möchte und ihre Versprechungen später nicht umsetzen (G1, C1). Bemühungen, ein offenes Ohr für Bürger zu haben – also responsiv zu handeln –, wurden zum Teil als Strategie abgetan. Dies wurde daran festgemacht, dass Politiker im Kontakt mit Bürgern häufig darauf bedacht wären, von Medien begleitet zu werden (E3). Als Hauptmotive für das Handeln von Politikern stehen hier Parteiinteresse und mit Geld verbundenes Eigeninteresse im Vordergrund. Während sich im ersten Motiv vor allem eine Distanz zwischen der Lebenswelt der Bürger und jener von Politikern erkennen lässt, spiegelt sich im zweiten Bild eine Distanz zu den Abläufen politischer Prozesse, zum „politischen Geschäft". Ein drittes negatives Motiv mit Blick auf Politiker bezieht sich vor allem auf die Ineffizienz politischer Prozesse. So wird bemängelt, dass es sehr lange dauere, bis in der Politik Ergebnisse erzielt würden, zu viel und zu wenig konstruktiv diskutiert werde sowie generell nur wenige Pläne umgesetzt würden (D3, G4). Während die ersten zwei Motive eher ein Gefühl der Nähe oder Distanz beschreiben, bezieht sich das letzte Negativimage auf eine Nichterfüllung von konkreten Leistungserwartungen an die Politik.

Einen weiteren Einblick in die unterschiedlichen Motive von Unzufriedenheit mit der Politik konnten wir in den beiden späteren, nach der repräsentativen

Umfrage durchgeführten Gruppendiskussionen erhalten, in denen wir jeweils politisch und medial unzufriedene und zufriedene Bürger getrennt einluden. Hier zeigte sich, dass neben den oben aufgeführten und teils diffusen Negativbildern von Politikern Unzufriedenheit zu einem großen Teil mit einer hohen, sehr spezifischen inhaltlichen Erwartungshaltung an deren Leistungen zusammenhängt. Dabei waren die Themen, die von Bürgern als vordringlich gesehen wurden, relativ unabhängig von den Einstellungen zur Politik. In unseren Diskussionen sahen aber die unzufriedeneren Teilnehmer Politiker stärker und konkreter in der Verantwortung – vor allem auch in sozialen Brennpunkten – Änderungen zu erreichen. Gerade bei diesen Teilnehmern ist entsprechend die Enttäuschung groß, dass Politik zu langsam agiere und zu geringe Verbesserungen bewirken könne. Hinter der großen Unzufriedenheit mit Politikern steckt zum Teil also eine für die Demokratie konstitutive Kritik und hohe Erwartungshaltung. Problematisch ist dies aber insbesondere im Zusammenspiel mit der fehlenden Zuversicht, dass Politik die als notwendig erachteten Veränderungen bewirken kann.

Steht nun diesem negativen Bild ein positives Image des Politikers im Ruhrgebiet gegenüber? Die in der Umfrage gemessene positivere Wahrnehmung lokaler Politiker ließe sich durch eine wahrgenommene Nähe zwischen Politikern und Bürgern, zum Teil aber auch durch größere Zufriedenheit mit den Leistungen lokaler Politik erklären. Eine Teilnehmerin beschreibt den typischen Politiker aus dem Ruhrgebiet wie folgt: „[Er ist] sofort per du. Und guckt, hört sich auch an, was los ist und mischt sich aber auch ein" (E2). Eine weitere betont vor allem den Unterschied zur nationalen Politik: „Ich finde sie ehrlicher als die Merkel zum Beispiel" (G2). An dieser Stelle lässt sich aber auch erkennen, dass das positive Bild der lokalen Politik vornehmlich in Abgrenzung zur nationalen Politik konstruiert wird. Lokale Politiker werden von beinahe allen Teilnehmern unserer Gruppendiskussionen als näher an der eigenen Lebenswelt, zum Teil auch als ehrlicher und pragmatischer bewertet. Allerdings werden Lokalpolitiker auch nicht als einflussreich genug eingeschätzt, als dass sie die geforderten Veränderungen erreichen könnten. Auch wenn in den Gruppendiskussionen das Bild eines unübersichtlichen, globalisierten politischen Universums nicht bemüht wurde, zeigt sich in der unterschiedlichen Bewertung der Politiker auf beiden Ebenen, dass in übersichtlicheren lokalen Zusammenhängen auch die Beweggründe und die Lösungskompetenzen von Politikern deutlicher werden können.

Neben dieser Abgrenzung der lokalen Politik von höheren Ebenen lässt sich teilweise aber auch eine Übertragung des allgemeinen Negativbildes der Politik auf die eigene Stadt oder Region identifizieren. So kam an einigen Stellen die Ansicht zutage, Lokalpolitiker seien „genauso falsch wie unsere korrupten Großen hier" (C2). An dieser Stelle zeigt sich, dass das in der vorliegenden Analyse herausgearbeitete negative Motiv von Politikern auch ebenenübergreifend wahrgenommen werden kann. Das positive Bild des regionalen Politikers lebte bei den Teilnehmern unserer Gruppendiskussionen hingegen von der Abgrenzung zu anderen, höheren Ebenen.

Wodurch entsteht diese Wahrnehmung einer geringeren Distanz zwischen lokalen Politikern im Ruhrgebiet und den Bürgern vor Ort? Die in der politischen Theorie weit verbreitete These von der Kommune als „Schule der Demokratie" bietet hier einen Erklärungsansatz: Städte und Gemeinden sind der Ort, an dem Bürger lernen, wie Demokratie funktioniert, welche Regeln in ihr gelten oder wie sie sich demokratisch einbringen können. Hier stimmen individuelle Interessen und Interessen der Gemeinschaft häufiger überein, Themen der eigenen Lebenswelt sind also auch eher Themen des politischen Diskurses. Zudem ist vor allem auf der lokalen Ebene der direkte Kontakt zwischen Bürgern und Politikern möglich. Lokale Entscheidungsträger dürften daher „eher über die Anliegen der Bürger informiert sein als die Entscheidungsträger in den nationalen Parlamenten und Regierungen" (Vetter 2002b, S. 611).

Auch in unseren Gruppendiskussionen zeigte sich, dass es zum einen immer wieder persönliche Erfahrungen und Begegnungen mit Politikern sind, die das Motiv vom politisch-gesellschaftlichen Zusammenhalt im Ruhrgebiet nähren. In der Beschreibung des Beziehungsgeflechts zwischen Politikern, Bürgern und Medien führen häufig die persönlichen und direkten Kontaktmöglichkeiten zur Wahrnehmung einer geringeren Distanz und responsiveren Politik. Insbesondere jene Teilnehmer, die bereits einen direkten Kontakt zu Lokalpolitikern im Ruhrgebiet hatten, haben auch das Gefühl, dass diese „bürgernäher" sind oder zumindest stärker versuchten, sich über die Bedürfnisse der Bürger zu informieren (E2, G2, D1). Generell werden vor allem direkte Kontakte zu regionalen oder lokalen Politikern, die durch Vereinstätigkeiten oder kommunale Netzwerke der Diskussionsteilnehmer zustande kamen, als positiv beschrieben (C1, D1, E1, E2, G2). Dennoch lassen sich die stark ausgeprägten Negativbilder von Politik selbst bei einigen Teilnehmern finden, die sogar persönlich positive Erfahrungen mit Politikern gemacht haben (C1, E1). Dass die persönliche Begegnung mit einem Politiker aber selbst in den immer noch vergleichsweise großen politischen Räumen im Ruhrgebiet eine so zentrale Rolle für den positiven Eindruck von Lokalpolitikern spielt, ist durchaus bemerkenswert. Für die Bindung der Bürger an politische Eliten waren Vereine und insbesondere Gewerkschaften in der Vergangenheit wichtige Agenten. Deren Bedeutung hat aber auch im Ruhrgebiet enorm abgenommen. Tatsächlich erfahrene Nähe bleibt dennoch selbst in der „Metropolregion" einer der wichtigsten Faktoren für die positive Beziehung zwischen Lokalpolitik und Bürgern.

Neben dieser real erfahrenen Nähe zwischen lokaler Politik und Bürgern ist auch eine gefühlte Nähe ausschlaggebend für die positive Wahrnehmung der lokalen Demokratie. Politiker werden hier eher als Bürger gesehen, die die gleichen Erfahrungen machen und mit ähnlichen Problemen konfrontiert sind wie andere Bürger. Betrachtet man zum Beispiel, wie die Teilnehmer der Gruppendiskussionen das Beziehungsdreieck zwischen Politikern, Journalisten und Bürgern bewerten, lässt sich ein klares Muster erkennen: In der Stadt, in der die Teilnehmer leben, wurde das Verhältnis der drei Akteursgruppen entweder besser oder genauso gut wie auf nationaler Ebene bewertet. Die Mehrheit der Teilnehmer sah aber auf lokaler Ebene ein engeres Verhältnis zwischen allen drei Akteursgruppen. In der Tendenz zeigt sich damit eine deutliche Trennung der Ebenen: „Ich würde mir wünschen, dass es so ist wie bei uns vor Ort" (D3).

Kritische Distanz und Vertrauen in Medien   4

Demokratie ist auf eine funktionierende Öffentlichkeit angewiesen. Nur wenn Bürger fair und umfassend Informationen über Ereignisse in Politik und Gesellschaft erhalten, können sie Regierende kontrollieren und ihre Interessen in das politische System einbringen. Weil wir alles, was wir über Politik wissen, aus den Medien erfahren, sind sie ein fundamentaler Bestandteil der Demokratie. Das gilt selbst für die lokale Ebene, auch wenn gerade hier noch am ehesten direkte Kommunikation zwischen politischen Entscheidungsträgern und Bürgern möglich ist. Trotzdem sind Bürger auch in diesen vergleichsweise kleinen Kommunikationsräumen auf die Überwindung von Kommunikationsbarrieren durch journalistische Arbeit angewiesen (Pöttker 2006, S. 206). Das Lokale kann deshalb auch als Schule demokratischer Öffentlichkeit gelten: „Im lokalen Kommunikationsraum kann am besten das menschliche Bedürfnis befriedigt werden, gesellschaftliche Komplexität zu reduzieren. Menschen suchen nach Orientierung und unmittelbaren Berührungspunkten und gerade diese sind innerhalb eines lokalen Kommunikationsraums einfacher zu finden" (Möhring 2017, S. 4).

Wie gestaltet sich die „demokratische Gesprächsgrundlage" im Ruhrgebiet? Welche Kanäle nutzen Bürger, um sich über das politische Geschehen vor Ort und in Deutschland zu informieren? Die wichtigsten Informationsquellen sind im Ruhrgebiet wie auch im Rest Deutschlands vor allem die öffentlich-rechtlichen Medien. Das öffentlich-rechtliche Fernsehen wird von über 58 % der Bevölkerung an Ruhr und Emscher täglich zur Information über das politische Geschehen genutzt, das öffentlich-rechtliche Radio von beinahe 55 %. Mit etwa 44 % täglicher Nutzung spielen zudem die regionalen Tageszeitungen im Ruhrgebiet eine wichtige Rolle bei der Information über das politische Geschehen in Deutschland. Das private Fernsehen (21 %) und überregionale Tageszeitungen (11 %) haben dagegen nur eine geringe Bedeutung. Auch Internetquellen wie

© Springer Fachmedien Wiesbaden GmbH, ein Teil von Springer Nature 2019   25
K.-R. Korte und J. Dinter, *Bürger, Medien und Politik im Ruhrgebiet*, essentials,
https://doi.org/10.1007/978-3-658-28069-7_4

Tab. 4.1 Mediennutzung allgemein

Täglich in %	Gesamt	18–29 J	30–59 J	60+J	Politische Zweifler
Öffentlich-rechtliches Fernsehen	58,4	21,8	52,6	85,3	42,9
Öffentlich-rechtliches Radio	54,9	40,2	56,2	60,5	49,4
Privates Fernsehen	21,1	19,0	24,6	17,3	23,6
Boulevardzeitungen	5,9	7,5	7,1	3,5	8,2
Regionale/lokale Tageszeitungen	44,2	13,2	37,0	70,2	30,1
Überregionale Tageszeitungen	11,0	9,2	9,0	14,9	7,5
Soziale Netzwerke	22,1	39,8	29,1	7,7	38,4
Internetseiten und Apps	25,0	31,8	30,6	23,2	30,1
Andere Internetquellen	18,0	26,5	22,3	13,4	25,3
Persönliches Gespräch	20,0	17,5	25,3	22,6	18,4

Frage: „Wie häufig nutzen Sie die folgenden Quellen, um sich über Politik und das aktuelle Geschehen in Deutschland zu informieren?"
Basis: Deutschsprachige Bevölkerung im Ruhrgebiet (RVR) ab 18 Jahren (n = 1008)
Quelle: Eigene Berechnungen

soziale Netzwerke (ca. 22 %) oder Internetseiten und Apps (25 %) spielen im Gesamtschnitt der Bevölkerung im Ruhrgebiet noch eine untergeordnete Rolle. Die dominante Stellung, die das öffentlich-rechtliche Fernsehen oder die regionalen Tageszeitungen in der Mediennutzung der Gesamtbevölkerung im Ruhrgebiet einnimmt, verliert sie bei den Jüngeren jedoch deutlich. Weniger als 22 % der 18- bis 29-Jährigen nutzen das öffentlich-rechtliche Fernsehen täglich, etwas mehr als 13 % nutzen regionale Tageszeitungen. Wichtige politische Informationsquellen dieser Generation sind vor allem das Radio und soziale Netzwerke. In diesen Punkten ähneln die Jüngeren den „politischen Zweiflern", wobei die Nutzung der klassischen Quellen wie Fernsehen oder regionale Tageszeitungen bei Letzteren deutlich stärker ausgeprägt ist (Tab. 4.1).

Auch für die Information über das lokale politische Geschehen im Ruhrgebiet werden maßgeblich die klassischen Anbieter genutzt. Lokalzeitungen sind in der Gesamtbevölkerung mit beinahe 43 % täglicher Nutzung die wichtigste Informationsquelle über lokale Politik. Das regionale und lokale Fernsehen

Tab. 4.2 Mediennutzung lokal

Täglich in %	Gesamt	18–29 J	30–59 J	60 + J	Politische Zweifler
Regionale/lokale Tages- zeitungen	42,7	10,9	36,4	67,8	29,1
Regionales und lokales Fern- sehen	31,1	6,3	23,0	55,3	21,6
Lokale Internetseiten und Apps	11,7	11,6	14,9	11,5	12,2
Lokales Radio	28,9	21,8	35,7	22,8	29,1
Lokale Anzeigenblätter	4,4	4,0	3,7	5,8	7,5
Regionale und lokale Grup- pen in sozialen Netzwerken	7,9	12,4	10,0	4,7	15,4
Andere Internetquellen	8,2	11,0	10,6	6,0	16,6
Persönliches Gespräch	20,1	15,5	23,2	18,1	17,5

Frage: „Wie häufig nutzen Sie die folgenden Quellen, um sich über Politik und das aktuelle Geschehen in Ihrer Stadt oder Gemeinde bzw. dem Ruhrgebiet zu informieren?"
Basis: Deutschsprachige Bevölkerung im Ruhrgebiet (RVR) ab 18 Jahren (n=1008)
Quelle: Eigene Darstellung

(ca. 31 %) und das lokale Radio (ca. 29 %) werden ebenfalls häufig genutzt.[1] Interessant ist zudem, dass das persönliche Gespräch für die Generierung von Informationen über lokale Politik genauso häufig genutzt wird wie für nationale Politik, obwohl man davon ausgehen könnte, dass der persönliche Austausch für kleinere Kommunikationsräume wichtiger wäre. Für die Bürger im Ruhr- gebiet nehmen Internetquellen wiederum einen noch geringeren Teil im lokalen als im nationalen Informationsrepertoire ein. Lediglich 11,7 % der Bürger nut- zen lokale Internetseiten und Apps, ca. acht Prozent lokale Gruppen in sozialen Netzwerken und noch einmal etwas mehr als acht Prozent andere Internetquellen, um sich täglich über das lokale politische Geschehen zu informieren. Interessant ist hierbei vor allem, dass das Alter im Lokalen keinen großen Unterschied bei der Nutzung von Onlinequellen zur lokalen Information macht. Lokalzeitungen

---

[1]Die im Ruhrgebiet weit verbreiteten und vielfältig vorhandenen kostenlosen Anzeigen- blätter werden zwar auch häufig als Quelle für lokale Informationen herangezogen. Da sie in der Regel aber nicht täglich erscheinen, tauchen sie bei der täglichen Mediennutzung nicht auf.

oder lokales Fernsehen werden von Jüngeren hingegen deutlich seltener genutzt (Tab. 4.2). Es zeichnet sich im Ruhrgebiet also der viel beschriebene generelle Strukturwandel der Mediennutzung ab. Wenn es um die Informationsbeschaffung über nationale Politik geht, stellt sich dieser vorrangig als Generationenwandel der Mediennutzung dar. Jüngere nutzen Onlinequellen, Ältere informieren sich über Offlinequellen. Auf lokaler Ebene ist im Ruhrgebiet aber ein genereller Bedeutungsverlust der Informationsquellen zu erkennen – und zwar unabhängig davon, ob es sich um Online- oder Offlinemedien handelt. Denn während das lokale Medienrepertoire bei den Älteren durchaus vom klassischen lokalen Medium Tagezeitung gefüllt wird, lässt sich bei Jüngeren keine Quelle – also auch keine Online-Quelle – finden, die eine ähnliche Bedeutung einnimmt. Man erlangt so den Eindruck, dass auf lokaler Ebene die demokratische Gesprächsgrundlage nach und nach erodiert. Das einzige Medium, das hier eine Ausnahme bildet und im Ruhrgebiet von allen Generationen und auch unabhängig von den Einstellungen zur Politik ähnlich häufig genutzt wird, ist das lokale Radio.

Diese Erkenntnisse über die Mediennutzung im Ruhrgebiet spiegeln sich auch in den Verkäufen der Lokalzeitungen in der Region. Sie sind – allen voran die WAZ – von einem enormen und zum Teil auch überdurchschnittlichen Auflagenrückgang betroffen. Allein die Auflage der Zeitungen der Funke Mediengruppe sank im Ruhrgebiet von 800.000 verkauften Exemplaren im Jahr 2010 auf 550.000 im Jahr 2016 (Landesregierung NRW 2017). Parallel zur niedrigen Nachfrage an lokalen publizistischen Produkten verändert sich auch die Struktur der regionalen Medienlandschaft. Diese wird von der Funke Mediengruppe sowie dem Verlag Lensing-Wolff dominiert, wobei sich die Verbreitungsgebiete der zu den Verlagshäusern gehörenden Tageszeitungen kaum noch überschneiden (Möhring 2017). Dennoch sind in fast allen Städten des Ruhrgebiets Lokalredaktionen vorhanden. Die letzten zwei Jahrzehnte waren allerdings von massenhaften Schließungen ganzer Lokalredaktionen und zunehmenden Redaktionskooperationen geprägt. In 18 Ruhrgebietsstädten werden inzwischen wenigstens große Teile der lokalen Berichterstattung von früher konkurrierenden Redaktionen übernommen. Von einem Angebotsmonopol sind im Ruhrgebiet gut 2,4 Mio. Bürger betroffen. In ihrer Stadt existiert nur eine Lokalzeitung. Von einem Anbietermonopol – das heißt, dass zwar verschiedene Zeitungen angeboten werden, diese aber aus dem gleichen Verlagshaus stammen und zu großen Teilen identisch sind – sind in der Region wiederum noch einmal gut eine Million

Bürger betroffen. Nur gut ein Drittel der Bevölkerung hat also noch die Wahl zwischen unterschiedlichen Zeitungsangeboten.[2]

Der Trend zur Medienkonzentration hat in den vergangenen Jahren also auch die lange durch eine in Deutschland sehr große publizistische Vielfalt geprägte Region erfasst. Neue lokale Onlinemedien können gerade vor diesem Hintergrund eine Vielfaltserweiterung darstellen – auch wenn viele der Angebote, die sich nach und nach entwickeln, nicht originär journalistisch Informationen aufarbeiten. Neben Seiten, die aus einem leidenschaftlichen Hobby entspringen, haben sich auch Onlinemedien mit professionellen redaktionellen Strukturen entwickelt. Zudem gibt es Angebote, die sich als gezielte Erweiterung der publizistischen Vielfalt verstehen und eine Art Gegenöffentlichkeit herstellen möchten oder aber innovative investigative Konzepte verfolgen (Möhring 2017). Dennoch haben diese weder die Reichweite noch die Tiefe, um die schwindenden Grundlagen demokratischer Öffentlichkeit auf lokaler Ebene im Ruhrgebiet zu sichern. Deutlich wird, dass lokale Onlinemedien nur für einen kleinen Teil der Bevölkerung eine wichtige Informationsquelle darstellen.

Lassen sich neben diesem Verlust der lokalen Gesprächsgrundlage weitere Anzeichen einer Gesprächsstörung zwischen Bürgern, Journalisten und Politikern im Ruhrgebiet finden? Hat sich in der regionalen Bevölkerung mithin ein Gefühl verfestigt, keine Mitsprachemöglichkeit in der politischen und medialen Arena zu haben? Studien aus den vergangenen Jahren haben zeigen können, dass es zwar keinen weitreichenden Vertrauensverlust in Medien gab. Medien stecken, wie bereits erörtert, nicht in einer fundamentalen Vertrauenskrise. Dennoch gibt es Teile der Bevölkerung, in denen sich Entfremdungsgefühle verfestigt haben (Ziegele et al. 2018). Diese können zu einer feindlichen Grundhaltung gegenüber Medien führen und gehen häufig auch mit dem Eindruck einher, Politik und Gesellschaft stünden sich antagonistisch gegenüber (Schindler et al. 2018).

Auch im Ruhrgebiet lässt sich auf der Grundlage unserer Erhebung von keinem besonderen Vertrauensverlust in Medien sprechen. Generell ist das Vertrauen in öffentlich-rechtliches Radio (über 69 %) und Fernsehen (67 %) sowie in überregionale Tageszeitungen (ca. 58 %) hoch (Tab. 4.3). Das hohe Vertrauen in diese klassischen Medienangebote ist in allen Altersgruppen ähnlich. Politische Zweifler haben – per Definition – ein deutlich geringeres Vertrauen in die Berichterstattung des öffentlich-rechtlichen Fernsehens, des Radios und der

---

[2]Eigene Berechnungen auf der Grundlage des Medienkonzentrationsberichts 2016/2017 der Landesanstalt für Medien NRW (2017).

Tabelle 4.3 Medienvertrauen

„sehr großes Vertrauen"/ „großes Vertrauen" in %	Gesamt	18–29 J	30–59 J	60 + J	Politische Zweifler
Öffentlich-rechtliches Fernsehen	67,1	64,4	67,8	71,2	35,5
Öffentlich-rechtliches Radio	69,5	64,4	71,1	79,0	49,0
Privates Fernsehen	17,7	16,7	22,3	14,0	17,5
Überregionale Tageszeitungen	57,9	59,4	63,5	81,3	46,9
Blogs und soziale Netzwerke	11,5	24,7	11,9	8,8	22,9
Regionale/lokale Tageszeitungen	60,8	57,6	59,7	78,2	43,9
Lokales Radio	54,3	62,6	66,0	65,0	53,5
Lokale Anzeigenblätter	47,1	50,6	48,8	55,6	43,1
Lokale Gruppen in sozialen Netzwerken	13,5	22,1	17,2	13,8	21,3

Frage: „Bitte geben Sie für folgende Medienangebote an, wie viel Vertrauen Sie in sie haben" bzw. „Und wie viel Vertrauen haben Sie in folgende lokale und regionale Medienangebote?"
Basis: Deutschsprachige Bevölkerung im Ruhrgebiet (RVR) ab 18 Jahren (n=1008)
Quelle: Eigene Berechnungen

überregionalen Tageszeitungen als der Durchschnitt der Bevölkerung im Ruhrgebiet. Allerdings sind selbst in dieser Gruppe dies die vertrauenswürdigsten Medienangebote – vor allem das Radio genießt noch ein recht hohes Vertrauen und wird in dieser Gruppe zeitgleich noch recht häufig genutzt. Die „Berichterstattung" in Blogs und sozialen Netzwerken (11,5 %) sowie im privaten Fernsehen (ca. 18 %) ist demgegenüber am wenigstens vertrauenswürdig. Unter Jüngeren und bei den „politischen Zweiflern" ist das Vertrauen in Blogs und soziale Netzwerke höher, wenngleich immer noch auf einem niedrigen Niveau. Auf lokaler Ebene lässt sich ein ähnliches Bild erkennen. Während die klassischen Angebote – lokale Tageszeitungen (60,8 %) und lokales Radio (54,3 %) – ein hohes Vertrauen genießen, ist das Vertrauen in lokale Gruppen in sozialen Netzwerken auf einem niedrigen Niveau.

Betrachtet man nun, wie Bürger im Ruhrgebiet die Leistungen oder Defizite von Medien ganz allgemein und von lokalen Medien im Speziellen bewerten, zeichnet sich ein überwiegend positives Bild ab. Gleichzeitig haben die Bürger an Ruhr und Emscher ein durchaus kritisches Bewusstsein dafür, dass es Verzerrungen in der medialen Berichterstattung geben kann. Verglichen mit den Ergebnissen der Studie „Informationen fürs Leben" aus dem Jahr 2016 (van Eimeren und Egger 2016) stechen keine wirklichen regionalen Besonderheiten ins Auge – während Leistungen leicht schlechter bewertet werden, werden in unserer Studie auf der anderen Seite auch die Defizite weniger stark wahrgenommen. Insgesamt haben gut 70 % der Bevölkerung im Ruhrgebiet das Gefühl, dass in den Medien über die Themen berichtet wird, die für die Gesellschaft wichtig sind – und das unabhängig davon, ob es sich um lokale Medien oder Medien im Allgemeinen handelt. Ähnlich bewerten Bürger die Frage, ob Medien die Sorgen und Ängste der Bevölkerung aufgreifen. Auch dieser Aussage stimmen mit etwa 68 % ähnlich viele Bürger zu, wobei etwas weniger (gut 64 %) die Sorgen und Ängste der Bevölkerung auch in lokalen Medien aufgegriffen sehen. Das ist interessant, könnte man doch davon ausgehen, dass gerade lokale Berichterstattung näher an den individuellen Lebenswelten der Bürger ist. Auch die für die Demokratie wichtige Funktion, politische Missstände aufzudecken, können lokale Medien im Ruhrgebiet nicht so gut erfüllen wie andere Medien. Zwar sind noch über 61 % der Bürger in der Region der Meinung, die lokalen Medien würden diese investigative Funktion erfüllen. Den nationalen Medien trauen dies mit beinahe 75 % jedoch deutlich mehr zu (Tab. 4.4 und 4.5).

Etwas besser schneiden lokale Medien hingegen ab, wenn es um die Abbildung des gesellschaftlichen Meinungspluralismus geht. Immerhin 56 % der Bürger im Ruhrgebiet sind der Meinung, dass Medien berechtigte Meinungen ausblenden, wenn sie diese für unerwünscht halten. Noch einmal gut 40 % sind der Auffassung, Medien würden einem vorschreiben, was man denken soll. Lokale Medien werden hingegen von deutlich weniger Bürgern als bevormundend oder einseitig wahrgenommen. Gleiches gilt zudem für die Dominanz von negativer und nicht konstruktiver Berichterstattung: Dass Medien zu viel über Probleme und zu wenig über Lösungen berichten, sagen über 72 % der Bürger. Nur gut 59 % stimmten dieser Aussage auch für lokale Medien zu (ebd.).

Welche Erfahrungen stecken hinter dieser Kritik an medialer Berichterstattung? Welche Gründe lassen sich für die zunehmende Abkehr von klassischen lokalen Medien im Ruhrgebiet finden? Dass klassische lokale Medien nicht mehr genutzt werden, ist vor allem dem bereits beschriebenen Wandel von Nutzungsmustern zuzuschreiben. Mit dessen Folgen hat der gesamte lokale Journalismus zu kämpfen. Neben vielen pragmatischen Motiven für diese Abkehr – vor allem Kosten und Zeit – ließen sich in den von uns durchgeführten Gruppendiskussionen weitere Motive identifizieren. Insgesamt war zwar durchaus ein implizites Bewusstsein für die Funktionen von Medien im Beziehungsgeflecht

Tab. 4.4 Leistungen und Defizite von Medien

„trifft voll und ganz zu"/„trifft zu" in %	Gesamt	18–29 J	30–59 J	60+J	Politische Zweifler
Bringen die Themen, die für die Gesellschaft wichtig sind	70,4	55,2	67,1	84,6	52,1
Greifen die Sorgen und Ängste in der Bevölkerung auf	68,3	60,8	66,8	77,1	51,7
Decken politische und gesellschaftliche Missstände auf	74,9	52,9	72,5	90,6	55,6
Berichten zu viel über Probleme und zu wenig über Lösungen	72,6	82,2	71,5	72,7	80,0
Blenden berechtigte Meinungen aus, die sie für unerwünscht halten	56,0	63,2	56,8	59,6	84,2
Schreiben einem vor, was man denken soll	40,7	51,5	42,9	34,8	70,5

Frage: „Inwieweit treffen die folgenden Aussagen Ihrer Meinung nach auf Medien und die Medienberichterstattung in Deutschland voll und ganz zu, eher zu, eher nicht zu oder überhaupt nicht zu? Medien"
Basis: Deutschsprachige Bevölkerung im Ruhrgebiet (RVR) ab 18 Jahren (n=1008)
Quelle: Eigene Berechnungen

zwischen Bürgern und Politikern zu erkennen; deutlich geringer wird jedoch der konkrete Wert des Journalismus geschätzt. Die von uns interviewten Bürger hatten zudem eine sehr klare Erwartung an die Objektivität von Journalismus. Mit dieser Erwartungshaltung geht teilweise auch eine gesunde Skepsis gegenüber Medien einher, sie kann aber auch in weitreichenden Manipulationsvorwürfen gegenüber Medien münden.

Die von uns befragten Bürger zeigten in unseren Gruppendiskussionen, dass sie Medien auch auf lokaler Ebene eine zentrale Rolle bei der Vermittlung zwischen Bürgern und Politikern zuschreiben. Einige Teilnehmer wünschten sich zum Beispiel, dass Politiker „durch die Straßen gehen", „mit einem Reporter die Leute interviewen", Bürgersprechstunden im Radio abhalten und soziale Medien nutzen (B2, C2). Damit Politiker sich über die Bedürfnisse der Bürger informieren, sind sie in der Vorstellung der Teilnehmer aber vor allem auf mediale Berichterstattung angewiesen, weil viele der genannten Maßnahmen nur einen symbolischen Wert hätten (G2, C2).

Tab. 4.5 Leistungen und Defizite lokaler Medien

„trifft voll und ganz zu"/„trifft zu" in %	Gesamt	18–29 J	30–59 J	60+J	Politische Zweifler
Bringen die Themen, die für die Gesellschaft wichtig sind	69,8	58,2	74,1	75,1	54
Greifen die Sorgen und Ängste in der Bevölkerung auf	64,3	49,4	64,1	77,6	47,3
Decken politische und gesellschaftliche Missstände auf	61,5	44,1	58,4	81,6	44,8
Berichten zu viel über Probleme und zu wenig über Lösungen	59,1	69,4	58,2	61,2	72,1
Berichten zu selten kritisch über politische Entscheidungen in meiner Stadt oder Gemeinde	50,8	68,1	53,3	45,1	72,4
Blenden berechtigte Meinungen aus, die sie für unerwünscht halten	43,8	47,0	48,7	44,2	76.7
Schreiben einem vor, was man denken soll	30,9	39,4	35,9	23,8	58,8

Frage: „Denken Sie nun einmal an die lokalen Medien, die über das Geschehen in Ihrer Stadt, Gemeinde oder das Ruhrgebiet berichten. Bitte geben Sie jeweils an, ob die folgenden Aussagen Ihrer Meinung nach auf die lokalen Medien voll und ganz zutreffen, eher zutreffen, eher nicht zutreffen oder überhaupt nicht zutreffen. Lokale Medien…"
Basis: Deutschsprachige Bevölkerung im Ruhrgebiet (RVR) ab 18 Jahren (n=1008)
Quelle: Eigene Darstellung

Hohe Erwartungen richteten jedoch alle Teilnehmer an die Neutralität von Medien. Journalisten hätten als wichtigste Aufgabe, immer „beide Seiten einer Geschichte" zu beleuchten. Diese Erwartung war wichtiger als die Forderungen, dass Medien informieren, „Menschen wie mir" ein Sprachrohr bieten oder Missstände aufdecken sollen. Dass Medien eine Vielzahl von Interessen und Perspektiven abbilden müssen, verglichen die Teilnehmer unserer Gruppendiskussionen dann beispielsweise mit Streitigkeiten zwischen Familienmitgliedern oder Kindern. Hinter diesem Motiv steckt entsprechend der Wunsch nach einer möglichst „objektiven" Information, aber auch das Gefühl, dass Objektivität nur über die Darstellung divergierender Sichtweisen herzustellen ist. Vereinzelt provozierte dieses Bild jedoch auch großen Widerstand: „Ich habe mich nicht [für „beide

Seiten einer Geschichte beleuchten"] entschieden, weil ich denken würde, was ist denn jetzt wahr? Es wäre noch schwieriger für mich, die Wahrheit herausfiltern zu können" (F2). An dieser Stelle zeigt sich also der Wunsch nach der Reduktion von Komplexität durch Medien, welcher zum Teil bereits durch das vielfältige Online-Angebot noch größer wird: „Man reflektiert die Wahrnehmung anders. Ich kenne es aus meiner Kindheit. Früher gab es um 20 Uhr die Tagesschau. […] Da gab es nicht die Vielfalt. Was erscheint für mich jetzt wahrheitsgemäß oder noch überzeugend?" (G1).

Ein starkes Bewusstsein für die demokratischen Funktionen des idealen Journalismus waren vor allem aber in Verbindung mit kritischen Meinungen zu den reellen Leistungen von Medien zu erkennen. Dazu gehört die Beobachtung, dass Politiker und Journalisten vielfach miteinander verbunden seien und Journalisten auch im Sinne einzelner politischer Interessen handeln (F3). Es wird durchaus eine implizite oder teilweise auch sehr explizite Gefahr wahrgenommen, dass Politik und Medien ihren Einfluss auf die öffentliche Meinung missbrauchen könnten. Nicht immer lässt sich diese mitunter „gesunde Skepsis" aber von stärker negativen Bildern trennen, wenn ein Teilnehmer beispielsweise formuliert, dass die Gesellschaft „manipulativ von den Medien kaputtgemacht worden" sei (B2). Ursächlich für die Unglaubwürdigkeit der Medien ist in diesem Sinne das Motiv, Meinungen gezielt zu „beeinflussen" oder zu manipulieren sowie das Ziel, Unruhen in der Bevölkerung zu verhindern (C2). Hinter diesem Vorgehen vermuten einige Teilnehmer wiederum die Interessen einer größeren Macht (B2). Sie vermitteln einen Eindruck der Motivlagen, die hinter einem starken Misstrauen gegenüber Medien stecken. Interessant ist in diesem Zusammenhang, dass die Vorstellung, Medien würden die öffentliche Meinung gezielt manipulieren, vor allem in den ersten Gruppendiskussionen wiederzufinden waren. Es wäre denkbar, dass bei der Durchführung Ende 2017 die Debatte um die Flüchtlingspolitik noch deutlich präsenter war als bei den letzten Diskussionen im August 2018. Studien haben zeigen können, dass die mediale Debatte um diese Thematik wie ein Trigger für Medienkritik bis hin zu Medienfeindlichkeit wirkte (van Eimeren et al. 2017; Schindler et al. 2018).

Wird nun aber dem Lokaljournalismus – ähnlich wie der lokalen Politik – mehr Vertrauen entgegengebracht, weil dieser näher an der Lebenswelt der Bürger ist? Die Umfrage hat hier kein eindeutiges Bild gezeigt – die Bürger im Ruhrgebiet fühlten sich allerdings weniger von lokalen Medien „bevormundet" oder sahen sich hier weniger mit destruktiver Berichterstattung konfrontiert. In den Vorstellungen der Diskussionsteilnehmer ließen sich aber einige Gründe für ein besonders nahes Verhältnis von Journalisten und Bürgern auf lokaler Ebene identifizieren. In den Kommunen schätzen die Teilnehmer unserer Gruppendiskussionen

Beziehungen von Journalisten und Bürgern als stark ein, während auf nationaler Ebene häufig Journalisten und Politiker eher eine Einheit bildeten. Vereinzelt wurde auch der Eindruck geäußert, dass lokale Berichterstattung „viel geerdeter" sei (C4). Es zeigt sich aber, dass das Vertrauensverhältnis zwischen Bürgern und Lokaljournalismus gerade auch problematisch sein kann, da die Berichterstattung viel eher einer persönlichen Kontrolle unterzogen werden kann (Möhring 2017).

Fazit 5

Wie gestaltet sich die Gesprächsgrundlage politischer Öffentlichkeit im Ruhrgebiet im Sinne der Einstellungen der Bürger gegenüber Politik und Medien sowie die diesen Einstellungen zugrunde liegenden Vorstellungen? Welche Informationskanäle nutzen Bürger im Ruhrgebiet und welche Motive oder Vorstellungen verbergen sich hinter der Abkehr von bekannten Formaten und Kanälen politischer Öffentlichkeit? Diese Fragen waren Ausgangspunkt des vorliegenden Essentials. Wir haben gezeigt, dass der gefühlte politisch-soziale Zusammenhalt im Ruhrgebiet vergleichsweise stark ist: Viele haben das Gefühl, dass, wenn es hart auf hart kommt, Politiker und Bürger im Ruhrgebiet zusammenhalten. Das spiegelt sich auch in der erfahrenen wie der abstrakt-gefühlten Nähe lokaler Politiker zu Bürgern wider. Hinter dieser Nähe steht die Begegnung mit dem Bürgermeister im lokalen Fußballverein, die Bekanntschaft mit dem Ratsherrn, der im gleichen Skatverein Mitglied ist, oder auch das diffuse Gefühl, dass lokale Politiker die gleichen Erfahrungen machen und dieselbe Lebenswelt teilen wie man selbst. Die lokalen Politiker haben jedoch, so der Eindruck vieler Bürger im Ruhrgebiet, angesichts der Problemlagen in der Region nicht genügend Handlungsmöglichkeiten, um weitreichende Veränderungen zu bewirken. Gerade das ist fatal, ist doch das Ruhrgebiet ein zentraler sozialer Identifikationsraum der Bürger in der Region. Dieses regionale Zugehörigkeitsgefühl der Menschen an Ruhr und Emscher geht aber keineswegs mit einem blumigen Bild der einst von Bergbau und Stahlindustrie geprägten Region einher. Es herrscht ein großes Bewusstsein für die Probleme der regionalen Gesellschaft, welches mit einer hohen Erwartung an Politik verknüpft ist soziale Ungleichheiten abzufedern.

Dem Gefühl, dass Politik und Gesellschaft in der Region zusammenhalten, steht aber ein starkes diffuses Unbehagen gegenüber gesellschaftlichen Eliten gegenüber.

© Springer Fachmedien Wiesbaden GmbH, ein Teil von Springer Nature 2019 37
K.-R. Korte und J. Dinter, *Bürger, Medien und Politik im Ruhrgebiet*, essentials,
https://doi.org/10.1007/978-3-658-28069-7_5

Das Bild einer abgehobenen, berechnenden und ineffizienten Politik ist im Ruhrgebiet weit verbreitet. Falls vorhanden, wird das positive Bild lokaler Politik mitunter in Abgrenzung zu höheren Ebenen (Land, Bund) konstruiert. Es zeigt sich, dass die lokale Demokratie in einem ambivalenten Verhältnis zur liberalen Demokratie steht, wenn das eigene lokale Umfeld zur Insel und die lokale Demokratie mit ihren direkteren Kommunikationsbeziehungen sowie größeren Einflussmöglichkeiten zum unerreichten Ideal stilisiert wird. So generieren lokale Politikerfahrungen Wünsche und Erwartungen sowie Vorstellungen vom demokratischen Gefüge, die in größeren politischen Einheiten nur bedingt erfüllt werden können.

Besondere Anzeichen für einen fundamentalen Vertrauensverlust in Medien oder aber Medienfeindlichkeit haben wir im Ruhrgebiet nicht finden können. Es ist vielmehr so, dass bei den Bürgern – ähnlich wie es andere Studien gezeigt haben – ein kritisches Bewusstsein für die Leistungen und Defizite von Medien vorhanden ist. Damit gehen vor allem hohe Erwartungen an die Neutralität des Journalismus einher. Allerdings ist das Bewusstsein für die demokratische Funktion und – noch viel entscheidender – den gesellschaftlichen Wert des Journalismus nur bedingt vorhanden. Medien werden zwar als Vermittler zwischen privater Lebenswelt und dem Politischen angesehen – ihre Leistungen werden aber auch als selbstverständlich wahrgenommen. Einen Vertrauensvorsprung des Lokaljournalismus konnten wir, im Gegensatz zur Lokalpolitik, nur sehr bedingt identifizieren. Es gibt aber einen klaren Unterschied zwischen der Mediennutzung der Bürger des Ruhrgebiets auf lokaler und auf nationaler Ebene.

Wenig verwunderlich ist, dass Mediennutzung generell einem Generationenwandel unterworfen ist. Gerade bei Jüngeren gibt es eine Verschiebung von Offline- zu Onlinemedien. Im Lokalen findet bei den Jüngeren jedoch keine Verschiebung statt. Vielmehr bricht hier lokales Informationsverhalten ab. Damit ist auch ein Wegbrechen von lokalen Informationsquellen verbunden, das sich im regionalen Medienmarkt widerspiegelt: Sowohl Nachfrage nach als auch das Angebot an klassischen Medien – vor allem den noch immer dominanten Lokalzeitungen – sinkt gerade bei Jüngeren. Aber auch die Nachfrage nach lokalen Onlineangeboten ist bei Jüngeren zwar stärker, jedoch weiterhin nur gering ausgeprägt. Gerade im Lokalen, wo eine zurückgehende analoge Mediennutzung keinen Ausgleich im Digitalen findet, verschwindet daher die Gesprächsgrundlage für lokale politische Öffentlichkeit. Welche Handlungsfelder eröffnen sich vor diesem Hintergrund für Politik, Medien sowie Zivilgesellschaft und welche Ansätze zur Überwindung der Gesprächsstörung lassen sich in der Praxis von Politik und Medien etablieren?

5.1   Lokale Politik stärken und einbinden

Es zeigt sich, dass sich Politiker im Ruhrgebiet nicht mehr nur auf ein tradiertes Gefühl des politisch-gesellschaftlichen Zusammenhalts berufen können. Die Strukturen, die diesen Zusammenhalt im Ruhrgebiet begründeten – beispielsweise die starke Bindung an Gewerkschaften oder Vereine –, sind kaum mehr vorhanden. Dennoch ist die Identifikation auch in der jüngeren Generation gerade mit dem lokal-regionalen Raum des Ruhrgebiets hoch. Dazu kommt, dass Lokalpolitiker als deutlich empfänglicher für die Wünsche und Anliegen der Bürger empfunden werden. Gerade in dieser hohen lokalen Responsivität politischer Akteure liegt die Chance, die für eine Demokratie notwendige gesellschaftliche Gesprächsgrundlage zwischen Politik und Bürgern zu verbessern. Müssen also Lokalpolitiker als „Lehrer" und „Retter" der Demokratie fungieren? Eine solche Forderung überschätzt die Möglichkeiten der Kommunalpolitik – insbesondere auch im Ruhrgebiet. Nicht zuletzt die niedrige Wahlbeteiligung bei Kommunalwahlen in den Städten des Regionalverbands Ruhr ist ein Ausweis dafür, dass sich Bürger zwar enorm für das Geschehen in ihrem direkten Umfeld interessieren, der lokalen Politik aber wenig Bedeutung zusprechen. Die vielfältigen Möglichkeiten direkter Partizipation nehmen zuweilen Formen einer Anlieger-Demokratie an, in der Betroffenheits-Partizipierer mit befristetem Engagement langfristige Politikgestaltung überfordern.

Trotzdem ist die kommunale Ebene der Ort, an dem unsere Gesellschaft wieder ins Gespräch kommen kann. Ein erster Schritt wäre, politische Konzepte in die Lebenswelt der Bürger konkret zu übersetzen. Dazu gehört etwa, dass die lokale Ebene eine stärker gestaltende Rolle bekommt. Sie muss zu einer ernsthaft gehörten Instanz werden, damit lokale Akteure helfen können, die wahrgenommene Distanz zwischen Politik und Bürgern zu verringern. Kommunalpolitiker müssen sichtbarer in Gesetzgebungsverfahren auf Landes- oder Bundesebene eingebunden werden, damit lokales Wissen im Sinne einer lokalen Politikberatung auch stärker genutzt wird. Dies wäre ein denkbarer Schritt, damit Bürger die lokale Ebene auch als Mittler zwischen ihnen und nationaler Politik wahrnehmen. Dann lebt das positive Bild der Politiker aus der eigenen Stadt auch nicht mehr von der Abgrenzung zu höheren Ebenen. Das Ruhrgebiet hat in diesem Bereich einen strukturellen Vorteil: Wie keine andere Region in Deutschland verbindet es die Vorteile kleiner Kommunikationsräume mit der Verbindung in einer großen, metropolartigen Region (WGBU 2016). Das Zusammenspiel von Städten als Orten niedrigschwelliger demokratischer

Involvierung und regionaler Verbundenheit und Kooperation zur Bündelung von Ressourcen kann eine „Modellschule" der Demokratie sein.

Das gelingt aber nicht, ohne die Handlungsfähigkeit der Städte im Ruhrgebiet wieder zu stärken – also finanzielle Gestaltungsspielräume zu ermöglichen und Kommunen von kostenintensiven Weisungsaufgaben zu befreien. Wenn sich die Bürger an Ruhr und Emscher mit ihren Interessen besser bei lokalen Politikern aufgehoben fühlen, zeitgleich aber das Gefühl haben, dass diese nicht über die notwendigen Spielräume verfügen, um in ihrem Interesse zu handeln, stärkt das nur den Verdruss.

5.2   Rückkehr an von der Politik verlassene Orte

Das Ruhrgebiet ist ein Ort, der von starker sozialer Ungleichheit geprägt ist. Die großen Unterschiede zwischen Arm und Reich werden, so konnte unsere Studie zeigen, auch als größte Gefahr für die regionale Gesellschaft wahrgenommen. Die allein geografisch erfahrbaren Gegensätze zwischen in sich häufig homogenen Stadtteilen prägen das heutige Bild der Region (Bogumil et al. 2012). Auch die Beteiligung an Wahlen (exemplarisch Kaeding et al. 2016) und das Gefühl, von der Politik „verlassen" zu sein (Hillje 2018), ballen sich in diesen homogenen Stadtteilen. Interesse an Politik, Wahlbeteiligung oder auch die Unzufriedenheit mit der Politik hängen dabei nicht allein an Merkmalen wie Bildung, Alter, Geschlecht, Einkommen oder Migrationshintergrund, sie werden auch von den Verhältnissen im direkten Umfeld beeinflusst. In Vierteln, in denen ein Gefühl der sozialen Isolation vorherrscht, ist Politik häufig kein Gesprächsthema mehr. Es gehen in diesen Vierteln auch diejenigen deutlich seltener wählen, die bessere Bildung genossen oder ein höheres Einkommen haben.[1]

Hier werden zivilgesellschaftliche Akteure und Institutionen der politischen Bildung benötigt, die gezielt für die Werte der Demokratie werben und Politik wieder ins Gespräch mit den Bürgern bringen. Dies könnte etwa durch die Stärkung bestehender und die Entwicklung neuer Dialogformate zwischen Bürgern, Politik und Medien geschehen. Aber auch Parteien, die an Glaubwürdigkeit verloren haben, müssen in benachteiligten Vierteln sichtbar werden – und zwar

---

[1]Beispielsweise mit Blick auf „ethnische Heterogenität" kann Förster (2018) diesen Effekt nachweisen. Zur generellen Übersicht vgl. Schoen et al. (2017).

dauerhaft – und die dort präsenten Probleme anpacken.[2] Nur so kann man Menschen das Gefühl der Selbstwirksamkeit zurückgeben. Zudem: Wenn Parteien stets ein Abbild der Gesellschaft sind und weiterhin den Anspruch haben, plurale gesellschaftliche Interessen zu vertreten (so etwa Korte 2018), so müssen sie auch dort präsent sein, wo man ihnen skeptisch oder mit Ablehnung begegnet und das Partizipationsverhalten unterdurchschnittlich ist.

Es benötigt also gerade an diesen verlassenen Orten genügend Demokraten, die bereit sind, ihren Mitbürgern die Vorteile von Demokratie, Rechtsstaatlichkeit und Weltoffenheit zu erklären. Diese Demokratie-Agenten müssen zugleich von der Politik als Bindeglieder der Gesellschaft ernst genommen werden. Die Angebote, die Politik und auch ein aufklärerischer Journalismus dauerhaft anbieten können, müssen sich durch Niedrigschwelligkeit und einen aufsuchenden Charakter des „Gesprächsangebots" auszeichnen. Denkbar wäre beispielsweise, dass Politik vor Arbeits- oder Sozialämtern Präsenz zeigt und Beteiligungsangebote durchführt. Ebenfalls vielversprechend wäre ein Ausbau und die Stärkung der politischen Bildung an Schulen durch die Initiierung zusätzlicher Programme und Angebote. Wenn Schüler um den Wert und den Ablauf von Wahlen wissen und selbst bereits an Wahlsimulationen im Rahmen des Unterrichts teilgenommen haben, dann erhöht das die Wahrscheinlichkeit, dass sie auch später an Wahlen teilnehmen. Auch wenn hier sicherlich keine kurzfristigen Erfolge zu verzeichnen sind, nachhaltig können nur sie die Gesprächsgrundlage für eine demokratische Gesellschaft sichern.

5.3 Moderne Grundlagen lokaler Öffentlichkeit schaffen

Durch den digitalen Strukturwandel der Öffentlichkeit verschwindet der gesellschaftliche Austausch immer stärker vom Marktplatz. In unserer Studie haben sich weitere Anzeichen dafür finden lassen, dass die Nachfrage nach lokalen Informationen mittels klassischer Medienangebote in der digitalen Sphäre kaum einen Ausgleich findet. Das lokale Medium allerdings, das in allen Altersgruppen und relativ unabhängig von den individuellen Einstellungen zur Politik

---

[2]Denkbar wäre etwa eine dauerhafte Präsenz von Parteien, parteinahen, zivilgesellschaftlichen oder demokratiegestaltenden Akteuren vor Ort mittels der langfristigen Anmietung von Büroräumen (auch gemeinsam und parteiübergreifend), um nachhaltig Angebote in diesen Stadtteilen zu schaffen.

genutzt wird, ist das Lokalradio. Es genießt zudem auch ein konstant starkes Vertrauen in allen gesellschaftlichen Gruppen. Die Bedeutung des Lokalradios für die lokale demokratische Öffentlichkeit wird daher – sowohl von Politikern als auch Journalisten – systematisch unterschätzt. Hier wäre ein konkreter Ansatzpunkt, um die Gesprächskultur zwischen Bürgern, Politikern und Journalisten im Ruhrgebiet zu verbessern. Als eines der breitenwirksamsten Medien in lokalen Räumen ist es wichtig, die Strukturen der Lokalradios zu fördern und zum anderen dessen politisch-aufklärerische Funktion zu stärken. In Nordrhein-Westfalen ist über das sogenannte Zwei-Säulen-Modell eine Trennung von Finanzierung und redaktioneller Gestaltung der Lokalradios gesichert. Vor allem regionale Zeitungsverlage und Städte tragen zur Finanzierung der recht großen medialen Angebotsvielfalt im Ruhrgebiet bei. Teilweise wird über Kooperationen mit lokalen Zeitungsredaktionen zudem die journalistische Arbeit der Lokalradios gestärkt (Möhring 2017). Aber gerade aus redaktioneller Perspektive wäre es sinnvoll, gezielter auch lokalpolitische Berichterstattung als Komponente des Angebots zu stärken.

Die geringe Nutzung und Nachfrage des klassischen dominanten Lokalmediums – der Tageszeitung – kann aber nicht allein auf diesem Wege kompensiert werden. Auf lange Sicht ist kein marktorientiertes Finanzierungsmodell für die lokale publizistische Versorgung – geschweige denn lokale Vielfalt – denkbar. Das große Interesse an lokalen Informationen und die diagnostizierte Nähe der Lokalpolitik zur Lebenswelt der Bürger unterstreichen aber, dass die Finanzierung eines unabhängigen Lokaljournalismus möglich sein muss. Auch wenn eine Finanzierung über Gebühren wie beim öffentlich-rechtlichen Rundfunk den Wettbewerb lokaler Tageszeitungen verzerren würde, muss man auch anerkennen, dass die lokale Berichterstattung einen Teil zur Grundversorgung beiträgt. Eine gesicherte Finanzierung des Lokaljournalismus erhöht allein jedoch nicht zwangsläufig die Nachfrage nach lokalen Nachrichten. Sie würde aber Freiheiten schaffen, an die Bedingungen des digitalen Strukturwandels angepasste lokale Informationsangebote zu entwickeln. Als Ideen-Reservoir und Entwicklungslabore hierfür können die vielfältigen im Ruhrgebiet vorhandenen medienwissenschaftlichen und journalistischen Institute und Studiengänge an den Hochschulen dienen.

Parallel dazu muss der lokale Journalismus im Ruhrgebiet – genauso wie die lokale Politik – die Präsenz „vor Ort" stärken und systematisch direkte Kontaktmöglichkeiten in benachteiligten Quartieren anbieten. Nur so kann der Journalismus auch als Demokratie-Agent einen Beitrag zur Stärkung der demokratischen Öffentlichkeit leisten. Ehrliche und vorurteilsfreie Einblicke in prekäre Milieus stellen eine Herausforderung für den Journalismus dar – nicht zuletzt, weil sich für lokale Tageszeitungen gerade in diesen Milieus bis hin zu Stadtteilen nur sehr schlecht Geld verdienen lässt. Zuletzt muss aber auch der demokratische Wert von lokalen Informationen systematisch in der Medienbildung gestärkt werden, damit das Bewusstsein für die Relevanz journalistisch aufgearbeiteter lokaler und regionaler Informationen intensiviert wird. Auch hier könnten bereits die Schulen – etwa im Rahmen gesellschaftswissenschaftlicher Bildungsangebote – ansetzen.

Was Sie aus diesem *essential* mitnehmen können

- Im engeren Verhältnis zwischen Bürgern und Politik auf kommunaler Ebene liegt die Chance, einer „Entfremdung" von Politik entgegenzuwirken.
- Zugleich steht die lokale Demokratie in einem ambivalenten Verhältnis zur liberalen Demokratie, wenn lokale Politikerfahrungen Vorstellungen vom demokratischen Gefüge generieren, die in größeren politischen Einheiten nur bedingt erfüllt werden können. Dann kann das enge Verhältnis von lokaler Politik zu Bürgern zum Einfallstor für Populismus werden.
- Im Ruhrgebiet ist gerade der gefühlte politisch-gesellschaftliche Zusammenhalt vergleichsweise stark. Hier muss Politik jedoch gerade in jenen benachteiligten Vierteln wieder präsent werden, die aufgrund von niedriger Wahlbeteiligung mitunter als „demokratiefreie Zonen" charakterisiert werden.
- Auch im Ruhrgebiet lassen sich keine Anzeichen für einen substanziellen Vertrauensverlust in (lokale, regionale oder überregionale) Medien finden.
- Vielmehr erodiert aber gerade vor dem Hintergrund des generationenbezogenen digitalen Strukturwandels der Öffentlichkeit die „Gesprächsgrundlage" für lokale Demokratie.

© Springer Fachmedien Wiesbaden GmbH, ein Teil von Springer Nature 2019   45
K.-R. Korte und J. Dinter, *Bürger, Medien und Politik im Ruhrgebiet*, essentials,
https://doi.org/10.1007/978-3-658-28069-7

Literatur

Ariely, G. (2015). Trusting the press and political trust: A conditional relationship. *Journal of Elections, Public Opinion and Parties, 25,* 351–367.

Arzheimer, K. (2002). *Politikverdrossenheit. Bedeutung, Verwendung und empirische Relevanz eines politikwissenschaftlichen Begriffs.* Wiesbaden: Westdeutscher Verlag.

Baugut, P. (2017). *Politiker und Journalisten in Interaktion. Einfluss des Medienwettbewerbs auf lokale politische Kommunikationskulturen.* Wiesbaden: Springer.

Bergmann, K., Diermeier, M., & Niehues, J. (2018). Ein komplexes Gebilde. Eine sozio-ökonomische Analyse des Ergebnisses der AfD bei der Bundestagswahl 2017. *Zeitschrift für Parlamentsfragen, 49,* 243–264.

Bieber, C., Blätte, A., Korte, K.-R., & Switek, N. (2017). *Regieren in der Einwanderungsgesellschaft. Impulse zur Integrationsdebatte aus Sicht der Regierungsforschung.* Wiesbaden: Springer Fachmedien.

Bobbio, N. (1988). *Die Zukunft der Demokratie. Sechs Essays.* Berlin: Suhrkamp.

Bogomil, J., Heinze, R. G., Lehner, F., & Strohmeier, K. P. (2012). *Viel erreicht – wenig gewonnen. Ein realistischer Blick auf das Ruhrgebiet.* Essen: Klartext.

Bogumil, J., & Heinze, R. G. (2019). Von der Industrieregion zur Wissensregion. Strukturwandel im Ruhrgebiet. *Aus Politik und Zeitgeschichte, 69*(1–3), 39–46.

Dahl, R. (1967). The city in the future of democracy. *American Political Science Review, 61,* 953–970.

Dinter, J. (2019). Politischer Strukturwandel? Populismus und soziale Gegensätze im Ruhrgebiet. *Aus Politik und Zeitgeschichte, 69*(1–3), 31–38.

Easton, D. (1975). A re-assessment of the concept of political support. *British Journal of Political Science, 5,* 435–457.

Esaiasson, P., Kölln, A.-K., & Turper, S. (2015). External efficacy and perceived responsiveness – Similar but distinct concepts. *International Journal of Public Opinion Research, 27,* 432–445.

Etzioni, A. (1995). *Die Entdeckung des Gemeinwesens. Ansprüche, Verantwortlichkeiten und das Programm des Kommunitarismus.* Stuttgart: Fischer.

Faulenbach, B. (1989). Mitbestimmung und politische Kultur im Ruhrgebiet. In H. Martens & G. Peter (Hrsg.), *Mitbestimmung und Demokratisierung. Stand und Perspektiven der Forschung* (S. 216–228). Wiesbaden: Deutscher Universitätsverlag.

© Springer Fachmedien Wiesbaden GmbH, ein Teil von Springer Nature 2019   47
K.-R. Korte und J. Dinter, *Bürger, Medien und Politik im Ruhrgebiet,* essentials,
https://doi.org/10.1007/978-3-658-28069-7

Follmer, R., Kellerhoff, J., & Wolf, F. (2018). *Vom Unbehagen an der Vielfalt*. Gütersloh: Bertelsmann Stiftung.

Förster, A. (2018). Ethnic heterogeneity and electoral turnout: Evidence from linking neighbourhood data with individual voter data. *Electoral Studies, 53*, 57–65.

Galston, W. (2018). *Anti-pluralism. The populist threat to liberal democracy*. New Haven: Yale University Press.

Global Young Faculty. (2015). Studie: 82 Prozent der Menschen leben gerne im Ruhrgebiet. https://bit.ly/2x17DNO . Zugegriffen: 12. Januar 2017.

Goch, S. (2001). Das Ruhrgebiet – Die Entstehung einer Region? *geographische revue 3*, 23–42.

Goch, S. (2018). Durcheinander war immer. Migration, Fremdsein, Ankommen, Weggehen, Verschmelzen im Ruhrgebiet. In: Bonner Akademie für Forschung und Lehre praktischer Politik (Hrsg.), *Integrationserfahrungen im Ruhrgebiet. Erfolgsfaktoren und Innovationspotenziale* (S. 53–65). Bonn.

Hillje, J. (2018). Rückkehr zu den politisch verlassenen. Gespräche in rechtspopulistischen Hochburgen in Deutschland und Frankreich, Berlin. https://bit.ly/2IoEQsR. Zugegriffen: 7. Jan. 2019.

Infratest dimap. (2017). Umfragen zur AfD. https://bit.ly/2pkZQXn. Zugegriffen: 20. Aug. 2018.

Jackob, B., Schultz, T., Jakobs, I., Ziegele, M., Quiring, O., & Schemer, C. (2019). Medienvertrauen im Zeitalter der Polarisierung. *Media Perspektiven, 5*, 210–220.

Jandura, O., Kösters, R., & Wilms, L. (2018). Mediales Repräsentationsgefühl in der Bevölkerung. Analyse nach politisch-kommunikativen Milieus. *Media Perspektiven, 5*, 118–127.

Jarren, O., Imhof, K., & Blum, R. (2000). Einleitung. Zerfall der Öffentlichkeit? In O. Jarren, K. Imhof, & R. Blum (Hrsg.), *Zerfall der Öffentlichkeit?* (S. 9–15). Wiesbaden: VS Verlag.

Jeworutzki, S., Knüttel, K., Niemand, C., Schmidt, B. J., Schräpler, J. P., & Terpoorten, T. (2017). Räumlich segregierte Bildungsteilhabe in NRW und im Ruhrgebiet. In J.-P. Schräpler, S. Jeworutzki, B. T. Terpoorten, J. Goebel, & G. G. Wagner (Hrsg.), *Wege zur Metropole Ruhr* (S. 27–224). Bochum: Klartext.

Jörke, D., & Selk, V. (2017). *Theorien des Populismus. Zur Einführung*. Hamburg: Junius.

Kaeding, M., Haußner, S., & Pieper, M. (2016). *Nichtwähler in Europa, Deutschland und Nordrhein-Westfalen. Ursachen und Konsequenzen sinkender Wahlbeteiligung*. Wiesbaden: Springer VS.

Korte, K.-R. (2016). *Wahlen in Nordrhein-Westfalen. Kommunalwahl. Landtagswahl. Bundestagswahl. Europawahl* (4. Aufl.). Schwalbach/Ts.: Wochenschau Verlag.

Korte, K.-R. (2018). Parteienwettbewerb als Freiheitsgarant in der Krise? *Aus Politik und Zeitgeschichte, 68*(46–47), 4–8.

Kuhn, S. (2013). Lokale Orientierungen. In J. van Deth & M. Tausendpfund (Hrsg.), *Politik im Kontext: Ist alle Politik lokale Politik? Individuelle und kontextuelle Determinanten politischer Orientierungen* (S. 35–65). Wiesbaden: Springer Fachmedien.

Landesanstalt für Medien Nordrhein-Westfalen. (2017). Bericht zur Medienkonzentration 2016/17. Düsseldorf.

Landesregierung NRW. (2017). Antwort der Landesregierung auf die Große Anfrage 22: Situation des Zeitungsmarktes in Nordrhein-Westfalen 2016 und seine digitale Entwicklung. Drucksache 16/13053.

Landeswahlleiter NRW. (2017a). Bundestagswahl 2017. Wahlbeteiligung, Rangfolge. https://bit.ly/2IPsmJQ. Zugegriffen: 7. Jan. 2019.

Landeswahlleiter NRW. (2017b). Landtagswahl 2017. Wahlbeteiligung, Rangfolge. https://bit.ly/2MSJJi4. Zugegriffen: 7. Jan. 2019.

Landeswahlleiter NRW. (2017c). Bundestagswahl 2017. Endgültiges Ergebnis für Nordhein-Westfalen. https://bit.ly/2WMGihs. Zugegriffen: 7. Jan. 2019.

Matthes, J., & Kohring, M. (2003). Operationalisierung von Vertrauen in Journalismus. *Medien & Kommunikationswissenschaft, 51*, 5–23.

MHKBG NRW. (2017). Haushaltsstatus der NRW-Kommunen 2017. https://bit.ly/2WNVlr6. Zugegriffen: 7. Jan. 2019.

Michels, D., Korte, K.-R., Schoofs, J., Switek, N., & Weissenbach, K. (2018). *Parteiendemokratie in Bewegung. Organisations- und Entscheidungsmuster der deutschen Parteien im Vergleich*. Baden-Baden: Nomos.

Möhring, W. (2017). Vertrauensgut lokale Medien? Strukturen und Charakteristika lokaler medialer Öffentlichkeit in Nordrhein-Westfalen. regierungsforschung.de. https://bit.ly/2WLwEvs. Zugegriffen: 7. Jan. 2018.

Mudde, C. (2007). *Populist radical right parties in Europe*. Cambridge: Cambridge University Press.

Mudde, C., & Kaltwasser, C. R. (2012). Populism. In C. Mudde & C. R. Kaltwasser (Hrsg.), *Populism in Europe and the Americas: Threat or corrective for democracy?* (S. 205–222). Cambridge: Cambridge University Press.

Niethammer, L. (1986). „Normalisierung" im Westen Erinnerungsspuren in die 50er Jahre. In G. Brunn (Hrsg.), *Neuland Nordrhein-Westfalen und seine Anfänge nach 1945/46* (S. 175–206). Essen: Hobbing.

Norris, P. (2011). *Democratic Deficit*. New York: Cambridge University Press.

Pitkin, H. (1967). *The concept of representation*. Berkeley: University of California Press.

Pöttker, H. (2006). Öffentlichkeit. In G. Bentele, H.-B. Brosius, & O. Jarren (Hrsg.), *Lexikon Kommunikations- und Medienwissenschaft* (S. 9–14). Wiesbaden: Springer VS.

Putnam, R. (2000). *Bowling alone. The collapse and revival of American community*. New York: Simon & Schuster.

Regionalverband Ruhr. (2017). Bundestagswahl in der Metropole Ruhr. https://bit.ly/2KqbD2M. Zugegriffen: 7. Jan. 2019.

Reinemann, C., Fawzi, N., & Obermaier, M. (2017). Die „Vertrauenskrise" der Medien – Fakt oder Fiktion? Zu Entwicklung, Stand und Ursachen des Medienvertrauens in Deutschland. In V. Lilienthal & I. Neverla (Hrsg.), *„Lügenpresse". Anatomie eines politischen Kampfbegriffs* (S. 77–94). Köln: E-Books im Verlag Kiepenheuer & Witsch GmbH & Co. KG.

Rohe, K. (1986). *Vom Revier zum Ruhrgebiet. Wahlen, Parteien, Politische Kultur*. Essen: Hobbing.

Rosanvallon, P. (2010). *Demokratische Legitimität Unparteilichkeit – Reflexivität – Nähe*. Hamburg: Hamburger Edition.

Schäfer, A. (2017). Weniger Nichtwähler dank der AfD? Zeit Online. https://bit.ly/2IRsDfm . Zugegriffen: 9. Jan. 2019.

Schindler, J., Fortkord, C., Posthumus, L., Obermaier, M., Fawzi, N., & Reinemann, C. (2018). Woher kommt und wozu führt Medienfeindlichkeit? Zum Zusammenhang von populistischen Einstellungen, Medienfeindlichkeit, negativen Emotionen und Partizipation. *Medien & Kommunikationswissenschaft, 66*, 283–301.

Schoen, H., Roßteutscher, S., Schmitt-Beck, R., Weßels, B., & Wolf, C. (2017). *Voters and voting in context: Multiple contexts and the heterogeneous German electorate.* Oxford: Oxford University Press.

Schultz, T., Jackob, N., Ziegele, M., Quiring, O., & Schemer, C. (2017). Erosion des Vertrauens zwischen Medien und Publikum? *Media Perspektiven, 40*, 246–259.

Sieben, P., & Sobolewski, D. (2017). Ruhrgebiet wird zur AfD-Hochburg des Westens. derwesten.de. https://bit.ly/2ZxgsuY. Zugegriffen: 9. Jan. 2019.

Simon, E. (2018). Glaubwürdigkeit der Medien gestiegen Ergebnisse bundesweiter Repräsentativbefragungen aus den Jahren 2015, 2016 und 2018. *Media Perspektiven, 5*, 210–215.

Tsfati, Y., & Cohen, J. (2005). Democratic consequences of hostile media perceptions: The case of gaza settlers. *The Harvard International Journal of Press/Politics, 10*, 28–51.

van Eimeren, B., & Egger, A. (2017). Informationen fürs Leben – BR-Studie zum Vertrauen in die Medien. https://bit.ly/33gyYdu. Zugegriffen: 9. Jan. 2019.

van Eimeren, B., Simon, E., & Riedl, A. (2017). Medienvertrauen und Informationsverhalten von politischen Zweiflern und Entfremdeten. *Media Perspektiven, 11*, 538–554.

Vetter, A. (2002). *Lokale Politik als Ressource der Demokratie in Europa? Lokale Autonomie, lokale Strukturen und die Einstellungen der Bürger zur lokalen Politik.* Wiesbaden: Leske + Budrich.

Vetter, A. (2002). Lokale Politik und die Sozialisation demokratischer Einstellungen in Europa. *Politische Vierteljahresschrift, 43*, 606–623.

Vetter, A. (2011). Lokale Politik als Rettungsanker der Demokratie? *Aus Politik und Zeitgeschichte, 61*(7–8), 25–32.

WBGU – Wissenschaftlicher Beirat der Bundesregierung Globale Umweltveränderungen. (2016). *Der Umzug der Menschheit: Die transformative Kraft der Städte.* Berlin: WBGU.

Ziegele, M., Schultz, T., Jackob, N., Granow, V., Quiring, O., & Schemer, C. (2018). Lügenpresse-Hysterie ebbt ab. Mainzer Langzeitstudie „Medienvertrauen". *Media Perspektiven, 4*, 150–162.